Hartenstein / Billing / Schawel / Grein

DIE CONSULTING-PRAXIS

Martin Hartenstein
Fabian Billing
Christian Schawel
Michael Grein

DIE CONSULTING-PRAXIS

50 Fallstudien für den Einstieg

Econ

Der Econ Verlag ist ein Unternehmen
der Econ Ullstein List Verlag GmbH & Co. KG, München

1. Auflage 2001

ISBN 3-430-14061-7

Gesetzt aus der Optima bei Franzis print & media GmbH, München
Druck und Bindung: Clausen & Bosse, Leck

Die Lösung ist immer einfach,
man muss sie nur finden.

ALEXANDER SOLSCHENIZYN

Inhalt

Vorwort ... 11

I. Interne und externe Analyse

1. Fallstudie: Spezialversicherer ... 17
2. Fallstudie: SCM-Erörterung ... 21
3. Fallstudie: Vergnügungspark ... 28
4. Fallstudie: IT-Distributeur ... 32
5. Fallstudie: Prozessoptimierung Schreibwaren ... 38
6. Fallstudie: E-Commerce/Internet-Consulting ... 45
7. Fallstudie: Geschäftsstruktur ... 52
8. Fallstudie: Kunden-Kosten-Analyse ... 59
9. Fallstudie: Technologieposition ... 61

II. Expansion

10. Fallstudie: Kreditkartenexpansion ... 67
11. Fallstudie: Energieunternehmen ... 72
12. Fallstudie: Einrichtungshaus ... 77
13. Fallstudie: Fastfood ... 81
14. Fallstudie: Golfbälle in Deutschland ... 86

III. Finanzfälle

15. Fallstudie: Ölscheich (Immobilien) ... 91
16. Fallstudie: Sportmannschaft versus Rock-Events ... 96
17. Fallstudie: Akquisition eines Papierproduzenten ... 100

IV. Geschäftsfelderweiterung

18. Fallstudie: Non Profit Organization ... 107
19. Fallstudie: Versicherer goes online ... 113
20. Fallstudie: Spartenkanal im Pay-TV ... 118
21. Fallstudie: Nagellack ... 124
22. Fallstudie: Investmentbanking-Figaro ... 130
23. Fallstudie: Zukunftsstrategie im Tonträgermarkt ... 134

V. Kreativität

24. Fallstudie: Bank im Kaufhaus 141
25. Fallstudie: Der Wissensbonus 144
26. Fallstudie: Gründung einer studentischen Unternehmensberatung 149
27. Fallstudie: Bleistiftfunktionalität 156
28. Fallstudie: Unternehmensinterner Wissensmarkt 157
29. Fallstudie: Uni goes online 166
30. Fallstudie: Projektstrategie 171
31. Fallstudie: Gesprächsstrategie 177
32. Fallstudie: Gründung eines neuen Musiklabels 182
33. Fallstudie: Innovationsmanagement 190
34. Fallstudie: Das lebensverlängernde Medikament 194

VI. Abschätzungsfälle

35. Fallstudie: Bibliothek 197
36. Fallstudie: Flughafen 200
37. Fallstudie: Grashalme 202
38. Fallstudie: Gebrauchtmotorradmarkt 204
39. Fallstudie: Grabsteine 207
40. Fallstudie: Tankstellen 210
41. Fallstudie: Glühbirnen 214
42. Fallstudie: Apfelschorle 216

VII. Brain Teaser

43. Fallstudie: Wohnzimmerbeleuchtung 217
44. Fallstudie: Connect Brain Teaser 219
45. Fallstudie: Geometrie-Brain-Teaser 221
46. Fallstudie: Grüne Mönche 223
47. Fallstudie: Himmel oder Hölle 226
48. Fallstudie: Königstaler 230
49. Fallstudie: Rennstreckensäuberung 233
50. Fallstudie: Die 100-Millionen-Mark-Show 236

Vorwort

Um als Unternehmensberater arbeiten zu können, sind zunächst eine Reihe formaler Voraussetzungen zu erfüllen, in der Regel ein bestimmter Notendurchschnitt, Praktika und Studium im In- und Ausland sowie außeruniversitäres Engagement. Wenn Sie dann zu einem Vorstellungsgespräch eingeladen werden, befinden Sie sich plötzlich wieder in einer Prüfungssituation. Denn bei einer Unternehmensberatung sollen Sie nicht nur von sich erzählen, sondern auch Fallstudien lösen. Faktoren wie zum Beispiel die Tagesform oder die Sympathie, die auf den Verlauf und das Ergebnis des Gesprächs einen nicht unerheblichen Einfluss haben, sind nicht zu steuern. Was Sie allerdings tun können, um gut vorbereitet in das Gespräch zu gehen, ist, sich vorher mit Fallstudien auseinander zu setzen. Die nötige Kreativität, um vorhandenes Wissen auf komplett neue Aufgaben anwenden zu können, ist sicherlich nur sehr schwer zu »trainieren«. Aber anhand der in diesem Buch vorgestellten unterschiedlichen Aufgaben bekommen Sie ein Gefühl für die zur Lösung eines Problems hilfreichen, unkonventionellen Betrachtungsweisen der Ausgangssituation und erhalten die Sicherheit, auch bei unbekannten Fragestellungen durch logisches Vorgehen und einige Plausibilitätsüberlegungen zu einer sinnvollen Lösung zu kommen.

Im vorliegenden Buch sind 50 Consulting Case Studies zu verschiedenen Themenbereichen zusammengefasst. Sie reichen von Finanzfragen über Kreativitätsaufgaben und Abschätzungsfällen bis hin zu den häufig gefürchteten »Brain Teasern«. Innerhalb der einzelnen Kategorien werden jeweils mehrere Fälle mit unterschiedlichen Schwerpunkten besprochen, um das Spektrum der möglichen Fälle möglichst gut abzudecken. Zu jeder Fragestellung erhalten Sie die nötigen Informationen, um die Aufgabe lösen zu können. Im Anschluss wird eine mögliche Vorgehensweise zur Lösung des Problems ausführlich dargestellt. Diese Erläuterungen werden häufig durch Musterrechnungen und/oder Abbildungen anschaulich gemacht.

Dieses Buch ersetzt nicht die Auseinandersetzung mit betriebswirtschaftlichem (Grundlagen-)Wissen[1], sondern unterstützt dessen praxisnahe Anwendung.

Zum Schluss möchten wir uns bei den vielen Menschen bedanken, ohne die dieses Buch nicht oder nicht in dieser Form zustande gekommen wäre: allen voran unseren Familien, die in vielerlei Hinsicht und unter großem persönlichen Einsatz unser Schaffen unterstützt haben; Jens Schadendorf, Birgit Krapf und Kristin Bamberg vom Econ Verlag für die jederzeit menschlich angenehme und überaus professionelle Zusammenarbeit und all jenen, die an uns geglaubt und uns in vielfältiger Weise unterstützt und motiviert haben.

Zürich, Düsseldorf, Riegelsberg
und Frankfurt, Juni 2000

Martin Hartenstein
Fabian Billing
Christian Schawel
Michael Grein

[1] Über die in diesem Buch nur skizzierten Methoden und Konzepte können Sie in unserem Buch »Der Weg in die Unternehmensberatung«, Wiesbaden [2]2000, nachlesen.

Sie weiß, dass ihr alle Türen offen stehen

eigen ihr vorher,
was sie dahinter erwartet.
wissen, dass Sie viele Jobs bekommen können.
Damit Sie mit Sicherheit die richtige Wahl treffen,
nen die Experten von access beim Einstieg
in die besten Unternehmen der Welt.
www.access.de
access
we care for careers

I. Interne und externe Analyse

1. Fallstudie: Spezialversicherer

Ein Spezialversicherungsunternehmen in den USA verkauft Berufsunfähigkeits- und Lebensversicherungen. Das Unternehmen ist verhältnismäßig klein, kann sich aber in seiner Sparte Marktführer nennen. Es hat sich zum Ziel gesetzt, als Abwehr gegen eine feindliche Übernahme zu wachsen, ohne die bestehende Marge aufzugeben. Die Versicherungen werden ausschließlich über Arbeitgeber an Angestellte weitergegeben. Das heißt, Kunde des Versicherers ist ein Unternehmen, das seinen Angestellten das Angebot macht, sich über das Spezialversicherungsunternehmen zu versichern. Hierfür gibt es drei Modelle:

a) Die Berufsunfähigkeits- und Lebensversicherungen werden vom Arbeitgeber für alle Arbeitnehmer im Rahmen eines Benefitpakets als Zusatzleistung abgeschlossen.

b) Die Arbeitnehmer können freiwillig die angebotenen Versicherungen abschließen und die Prämie wird zur Hälfte vom Arbeitgeber übernommen.

c) Die Arbeitnehmer können freiwillig die angebotenen Versicherungen abschließen und übernehmen hierfür die vollen Kosten.

Welches sind die Hebel, um das Wachstumsziel zu realisieren?

➜ *Der Weg zur Lösung*

Zunächst muss man sich darüber im Klaren sein, was eine Berufsunfähigkeitsversicherung ist und wann sie greift. Hat ein Arbeitnehmer während der Arbeitszeit oder in der Freizeit einen Unfall, bei dem er sich verletzt, so wird Krankengeld für bis zu sechs Wochen Arbeitsausfall bezahlt. Bleibt der Arbeitnehmer nach dieser Zeit weiterhin krankgeschrieben oder wird sogar eine Berufsunfähigkeit festgestellt, dann greift die Berufsunfähigkeitsversicherung. Diese übernimmt unter anderem die Kosten für die medizinische Versorgung (zum Beispiel Rehabilitation oder Pflegedienst), bezahlt eine mögliche Umschulung und errichtet gegebenenfalls einen behindertengerechten Arbeitsplatz. Ist der Versicherungsnehmer völlig arbeitsunfähig, dann werden beispielsweise 60 bis 70 Prozent des Gehalts als lebenslange Rente gezahlt.

Es gilt nun eine geeignete Kennziffer zu finden, mit der sich mögliche Hebel zum Erreichen der genannten Ziele erarbeiten lassen: in diesem Fall die Umsatzrentabilität. Bei der Umsatzrentabilität werden Gewinn und erzielter Umsatz zueinander in Relation gesetzt.

$$\text{Umsatzrentabilität} = \frac{\text{Gewinn}}{\text{Umsatz}} = \frac{\text{Umsatz} - \text{Kosten}}{\text{Umsatz}} = 1 - \frac{\text{Kosten}}{\text{Umsatz}}$$

Die Gleichung wird so lange vereinfacht, bis sich die zwei grundlegenden Faktoren Kosten und Umsatz direkt gegenüberstehen. Über den Umsatz und die Kosten lassen sich Hebel für Veränderungen finden, während die Auswirkung der Veränderungen auf die Marge über die Umsatzrentabilität beobachtet werden kann.

Zunächst soll der Umsatz betrachtet werden. Er ergibt sich als Produkt aus der Anzahl der Versicherten und der durchschnittlich bezahlten Prämie.

Die beiden Faktoren Berufssparte und Größe des zu versichernden Arbeitgebers determinieren die Anzahl der Versicherten. Besonders gefährliche Berufssparten neigen möglicherweise eher dazu, eine Berufsunfähigkeitsversicherung

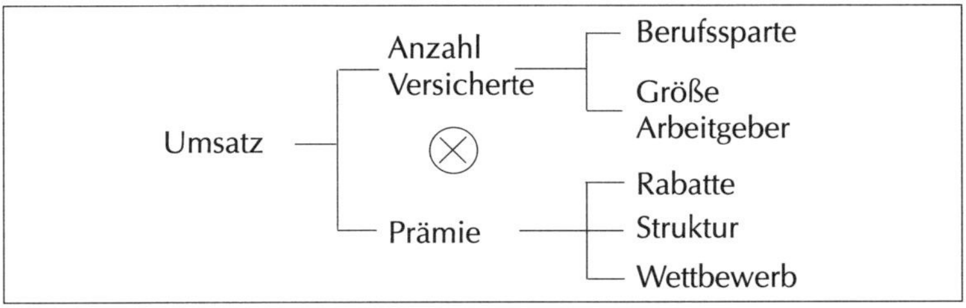

Umsatzstruktur der Versicherung

abzuschließen. Allerdings ist es auch denkbar, dass jemand, der einen völlig ungefährlichen Beruf ausübt, riskanten Freizeitbeschäftigungen nachgeht. Da die Versicherungen nur an Arbeitgeber verkauft werden, ist die Größe des jeweiligen Unternehmens von Bedeutung. Ein Kunde kann also zwei oder auch 100 000 und mehr zu versichernde Personen bedeuten.

Die Prämie unterliegt ebenfalls verschiedenen Einflussfaktoren. So können einzelnen Kunden Rabatte gewährt werden – abhängig von der Größe des Unternehmens oder entsprechend der Risikostruktur der versicherten Personen. Darüber hinaus richten sich die Prämien nach der Struktur der gewählten Versicherung. Außerdem hat die Intensität des Wettbewerbs Einfluss auf das jeweilige Prämienniveau. Wenn ein Arbeitgeber loyal gegenüber einem Komplettversicherer ist, der ihm ebenfalls Berufsunfähigkeitsversicherungen anbietet, dann sollte man versuchen, den Kunden über eine aggressive Prämienpolitik zu gewinnen. Hierbei muss jedoch der Einfluss auf die Umsatzrentabilität sehr genau kontrolliert werden.

Die Kosten können in die zwei Grobfaktoren Leistung und Overhead eingeteilt werden. Mit Overhead bezeichnet man die Kosten, die durch die eigene Verwaltung anfallen. Dieser Block macht ungefähr zehn Prozent der Gesamtkosten aus. Eine Verringerung der Overhead-Kosten um zehn Prozent verändert den Gesamtkostenblock also nur um ein Pro-

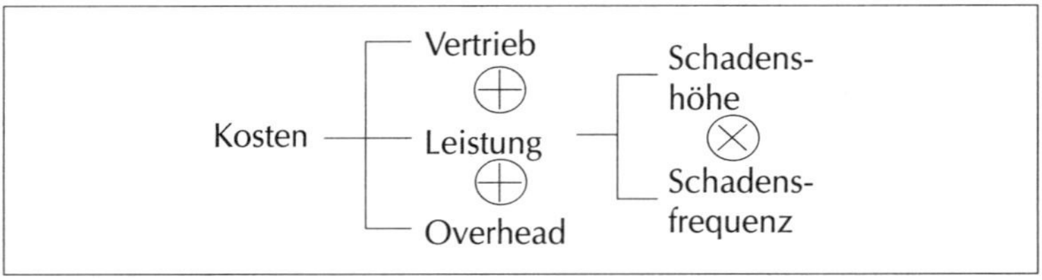

Kostenstruktur der Versicherung

zent. Weitere zehn Prozent fallen durch den Vertrieb und die Vermarktung der Versicherungen an. Den größten Kostenfaktor (Cost Driver) mit etwa 80 Prozent der Gesamtkosten stellt die so genannte Versicherungsleistung dar. Dies sind die Kosten für die medizinische Versorgung, die Weiterzahlung des Gehalts und andere Leistungen im Schadensfall. Der Faktor Leistung ergibt sich als Produkt aus der Schadenshöhe und der Schadensfrequenz. Die Schadenshöhe beziffert die durchschnittlichen Kosten bei einem Schadensfall und die Schadensfrequenz gibt die Anzahl der Schadensfälle wieder.

Ausgehend von der Umsatzrentabilität wurden Hebel bestimmt, die dazu beitragen können, die gewünschten Wachstumsziele zu erreichen. Auf dieser Basis können Sie nun mit dem Interviewer die Faktoren diskutieren, einzelne verwerfen und andere konkretisieren.

Als weitere Umsatz steigernde Maßnahme könnte in Erwägung gezogen werden, das Produktspektrum auszuweiten und andere Sparten von Versicherungen zu verkaufen. Dies ist eine relativ riskante Variante, da keinerlei Erfahrung in anderen Versicherungssparten besteht. Es sind also keine Ex-post-Versichertendaten vorhanden, die die Basis für eine zuverlässige Prämienberechnung und Risikobewertung bilden könnten.

2. Fallstudie: SCM-Erörterung

Das Topmanagement eines Unternehmens der Genussgüterindustrie hat die vielfältigen Berichte über das Konzept des Supply Chain Management zum Anlass genommen, seine eigenen Logistikaktivitäten intensiv zu analysieren. Im Rahmen dieser Überlegungen tritt das Topmanagement nun an Sie als Unternehmensberater mit dem Auftrag heran zu erläutern, welche Potenziale und Auswirkungen allgemein mit der Implementierung von Supply Chain Management verbunden sind.

→ *Der Weg zur Lösung*

Das Supply-Chain-Management-Konzept beinhaltet eine ganzheitliche unternehmensinterne und -übergreifende Planung, Steuerung und Kontrolle von Informationen, Produkten und Finanzmitteln innerhalb der Supply Chain, die sich vom Rohstofflieferanten bis hin zum Endkunden erstreckt.

Zur strukturierten Betrachtung der vielfältigen Potenziale und Auswirkungen dieses Konzepts auf Unternehmen kann die in der folgenden Abbildung dargestellte Wertschöpfungskette von Michael Porter genutzt werden, die primäre und sekundäre Aktivitäten unterscheidet. Durch diese Beschreibung der Effekte von Supply Chain Management soll ein erster Überblick geschaffen werden.

Die primären Aktivitäten der Wertschöpfungskette:
Eingangslogistik: Die Eingangslogistik umfasst den Eingang, die Kontrolle, die Lagerung und den Weitertransport von Produktionsfaktoren. Supply Chain Management kann auf vielfältige Weise diesen Logistikbereich optimieren.

Die Lagerung der Produktionsfaktoren erfolgt in der Regel zur Sicherung der Betriebsbereitschaft der Unternehmen und hat somit eine Pufferfunktion. Dadurch entstehen Lager- und Kapitalbindungskosten. Normalerweise versuchen Unternehmen einer Supply Chain isoliert voneinander, ihre Eingangs- und Ausgangslogistik zu optimieren. Im Rahmen des Supply Chain Management soll nunmehr versucht werden, die Lagerhaltung innerhalb der gesamten Lieferkette zu optimieren. So können beispielsweise Eingangs- und Ausgangslager zweier produktionstechnisch nacheinander gelagerter Unternehmen integriert werden, wie die folgende Abbildung visualisiert:

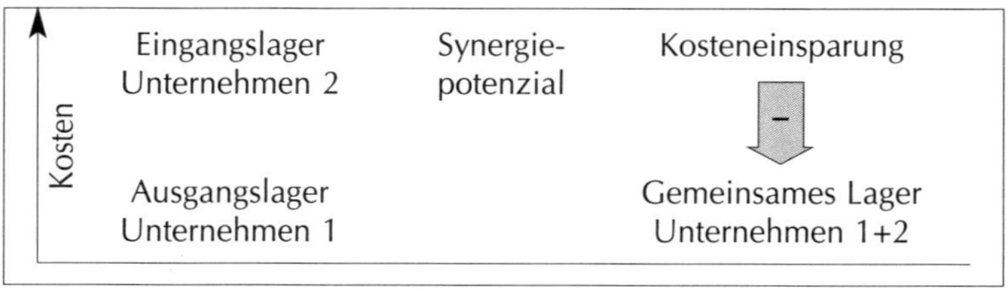

Synergiepotenziale durch integrierte Lagerhaltung

Mit diesem Vorgehen können die entstehenden Kosten der Lagerhaltung durch die Nutzung von Synergiepotenzialen gesenkt werden.

Diese integrierende Vorgehensweise kann auch auf die Qualitätskontrolle übertragen werden. So erfolgt oftmals beim Lieferanten eine Ausgangs- und beim Kundenunternehmen eine Eingangsqualitätskontrolle. Durch die Integration der beiden Vorgänge zu einer Entweder-oder-Lösung können beide Unternehmen Kosten sparen.

Zur Kostenreduktion im Bereich der Eingangslogistik kann auch das Just-in-Time-Konzept (JIT) genutzt werden. Damit wird die Lagerhaltung minimiert, wenn nicht gar eliminiert. Dieses Konzept bietet sich allerdings nicht für jedes Unternehmen oder jede Branche an und muss unter Berücksichtigung der spezifischen Fertigungsprozesse im Einzelfall geprüft werden.

Des Weiteren kann durch Supply Chain Management versucht werden, den Order Penetration Point zu optimieren und somit die Lagerhaltung zu senken. Der Order Penetration Point ist der Zeitpunkt, zu dem sich die auftragsinduzierte Abwicklung kundenneutraler Leistungen in kundenspezifische Leistungen umwandelt. Die Verlagerung des Order Penetration Point kann durch optimierte Planungs- und Steuerungsvorgänge zeitlich und produktionstechnisch nach hinten verschoben werden. So strebt Supply Chain Management die Dematerialisierung der Logistik an: Lagerbestände sollen durch Informationen ersetzt werden.

Produktion: In der betrieblichen Leistungserstellung liegen ebenso viele Potenziale wie in der Eingangslogistik. Dazu die folgenden Beispiele:

Es ist möglich, dass die Unternehmen der Supply Chain in enger Kooperation die Variantenvielfalt in der Produktion reduzieren. Um unnötige Varianten bereinigte Leistungsprogramme vermindern die Komplexität in der Supply Chain und erleichtern somit die Zusammenarbeit der Unternehmen. Dies kann sowohl mit einer Kostenreduktion als auch mit einer Gewinnsteigerung einhergehen.

In traditionellen Supply Chains verbessern Unternehmen die Effizienz ihrer Produktionsprozesse isoliert voneinander. Im Gegensatz dazu sollte in einem Supply Chain Management die Optimierung der gesamten Wertschöpfungskette und nicht der einzelnen Unternehmen im Blickpunkt stehen. Dazu zählt beispielsweise die optimierte Verteilung der Betriebsmittel unter den an der Supply Chain beteiligten Unternehmen.

Ausgangslogistik: Die Ausgangslogistik eines Unternehmens umfasst die Lagerung und Distribution der Leistungen an die Kunden, die entweder die erhaltenen Waren in einem weiteren Produktionsprozess weiterverarbeiten oder diese als Endkunden nutzen. Im Supply Chain Management steht die explizite Ausrichtung der Vertriebslogistik auf den Endkunden im Mittelpunkt.

Die Optimierung des Vertriebs sollte nicht nur auf ein Unternehmen, sondern vielmehr auf die ganze Supply Chain bezogen sein. So muss zur Verbesserung der Vertriebslogistik immer auch die Beschaffungslogistik des übernehmenden Unternehmens beachtet werden. Kunden können zunehmend in die Aktivitäten des liefernden Unternehmens integriert werden und somit für nachfrageorientierte Signale sorgen. Dies gilt insbesondere für die Endkunden der Supply Chain, deren Nachfrageimpulse die Produktion der gesamten Kette steuern. Hier liegt die Basis für eine effektive Planung und Steuerung der Leistungserstellung.

Die Nachfragesignale der Endkunden sollten aber nicht nur das liefernde Unternehmen erreichen, sondern alle an der Wertschöpfung beteiligten Firmen. So sind ausnahmslos alle Unternehmen der Supply Chain in der Lage, synchron auf Informationen des Marktes zu reagieren.

Marketing, Vertrieb und Service: An dieser Stelle fassen wir zwei weitere primäre Aktivitäten der Wertschöpfungskette zusammen: Aktivitäten, die auf den Verkauf der Produkte und Dienstleistungen und den darauf folgenden Service ausgerichtet sind, können ebenfalls durch Supply Chain Management optimiert werden. So besteht beispielsweise die Möglichkeit, einen prozessübergreifenden Endkundenberater zu beschäftigen. Dieser ist der alleinige Ansprechpartner für die Endkunden. In Zusammenarbeit mit der jeweils relevanten Stelle im Leistungserstellungsprozess kann er alle Probleme und Fragestellungen des Kunden klären und somit das Prinzip »One Face to the Customer« realisieren.

Die sekundären Aktivitäten der Wertschöpfungskette im Hinblick auf Potenziale und Auswirkungen:

Generalmanagement: Zum Aufgabenbereich des Generalmanagements zählen unter anderem die Festlegung der Unternehmensziele, die Verteilung der Ressourcen sowie die Formulierung der Strategien zum Erreichen dieser Ziele. Im Zusammenhang mit der Einführung von Supply Chain Management müssen einige Managementfunktionen zwischen den Unternehmen neu verteilt werden, da nicht mehr nur die Optimierung der einzelnen Unternehmen, sondern auch die der gesamten Supply Chain angestrebt wird. Auf jeden Fall erfordert das Management der Supply Chain eindeutige Regelungen von Verantwortlichkeiten, um Unklarheiten in den Prozessen der Entscheidungsbildung zu verhindern und die optimale Gestaltung und Führung der Supply Chain zu realisieren. Denkbar ist der Einsatz eines unternehmensübergreifenden Managers oder einer Leitstelle, die unter anderem koordinierende Funktionen übernimmt.

Personalmanagement: Das Personalmanagement beinhaltet neben der Personalbedarfsermittlung die Rekrutierung, die Einsatzplanung, die Freisetzung und die Entlohnung des betrieblichen Personals sowie dessen Entwicklung. Auch diese Aufgabenbereiche sollten im Rahmen eines ganzheitlichen Supply-Chain-Management-Ansatzes teilweise modifiziert werden. So orientiert sich beispielsweise der Personalbedarf eines Unternehmens an den optimierten Vorgaben der gesamten Supply Chain. Dies hat Konsequenzen für alle weiteren Aktivitäten des Personalmanagements. Zur Entwicklung neuer Kompetenzen ist eine unternehmensübergreifende Weiterbildung der Mitarbeiter denkbar. Zudem könnten Mitarbeiter zur optimalen Gestaltung der Schnittstellen innerhalb der Supply Chain zwischen den einzelnen Unternehmen transferiert werden.

Technologie- und Informationsmanagement: Das Technologie- und Informationsmanagement umfasst neben dem Aufbau von Kommunikationsnetzen die Speicherung, den Transfer und die Verwaltung von Informationen. Dabei steht im Konzept des Supply Chain Management nicht mehr nur der unternehmensweite Zugriff auf Daten im Blickpunkt. Vielmehr muss ein Supply Chain übergreifendes Technologie- und Informationsmanagement den Datenzugriff und die Kommunikation innerhalb des gesamten Systems sichern. Die Umsetzung dieser Forderung kann allerdings bedingt durch die Vielfalt an betrieblichen IT-Systemen Schwierigkeiten und – bei inkompatiblen Systemen – auch Kosten verursachen.

Die Vorteile eines unternehmensübergreifenden Datenaustauschs werden am folgenden Beispiel eines integrierten Planungs- und Steuerungssystems deutlich.

Beschaffung von Produktionsfaktoren: Dieser Wertschöpfungsbereich umfasst Aktivitäten, die im Zusammenhang mit der Kommunikation sowie der Koordination zwischen Unternehmen und deren Lieferanten von Produktionsfaktoren stehen.

Im Gegensatz zur reinen Kostenorientierung bei der Auswahl der Lieferanten gewinnen hierbei Aspekte wie die Zuverlässigkeit und Qualität der Produktionsfaktoren zunehmend an Bedeutung. Grundsätzlich sollte die Anzahl der Lieferanten gesenkt werden, um die Bindung der verbleibenden Lieferanten im Hinblick auf eine längerfristige Zusammenarbeit zu stärken.

Die Beschaffung von Produktionsfaktoren ist ein elementarer Bestandteil der Planung und Steuerung. Ohne unternehmensübergreifende Zusammenarbeit kann sie nur anhand der isoliert erfassten Daten des in der Wertschöpfung nachfolgenden Unternehmens oder des Endkunden erfolgen. Im Regelfall werden diese Informationen nicht unmittelbar, sondern erst in verarbeiteter Form an das jeweilige Unternehmen weitergegeben. Die ersten Unternehmen der Wertschöpfungskette haben somit kaum Informationen über den tatsächlichen Endkundenbedarf. Im Idealfall sind Planung und Steuerung der Unternehmen innerhalb der Supply Chain miteinander verbunden.

Durch multidirektionale Planung und Steuerung sind alle Unternehmen der Supply Chain direkt über den Endkundenbedarf informiert. Informationen und deren Implikationen für die Beschaffung werden sofort an alle beteiligten Unternehmen weitergeleitet. Das unternehmensübergreifende System ermöglicht durch seine Transparenz entscheidungsrelevante Informationsvorsprünge bezüglich Beschaffungsmengen und -zeitpunkten für alle Unternehmen.

3. Fallstudie: Vergnügungspark

Ein amerikanisches Unternehmen, das erfolgreich Vergnügungsparks im eigenen Land betreibt, hat vor einigen Jahren in Frankreich (Paris) einen weiteren Park errichtet. Obwohl zahlreiche Analysen im Vorfeld der Errichtung positive Prognosen lieferten, arbeitet der Vergnügungspark auch nach dem Ende der Startphase nicht profitabel. Ihre Aufgabe besteht in einer ersten pragmatischen Ermittlung der Gründe für diese negative Entwicklung.

→ *Der Weg zur Lösung*

Die Lösung dieser Aufgabenstellung kann mit Hilfe des 4C-Analysewerkzeugs erfolgen. Es ermöglicht eine strukturierte erste Analyse des Unternehmens und hilft bei der Identifikation elementarer Konflikte. Dabei unterteilt sich das 4C-Konzept in die Bereiche Customers (Kunden), Competition (Wettbewerb), Costs (Kosten) und Capabilities (Fähigkeiten).

Customers (Kunden): Die zentrale Lage des Vergnügungsparks in Europa sichert einen großen Einzugsbereich für Besucher, die sich bis auf ältere Personen aus nahezu allen gesellschaftlichen Schichten zusammensetzen. Das Errichten des Parks zwischen Ländern wie England, Spanien und Deutschland war eine geografisch geschickte Positionierung. Dabei ist Großbritannien infrastrukturell gesehen durch Fähre, Flugzeug und Tunnel sehr gut angebunden. Weiteren Ländern bieten sich ähnliche Verkehrswege. So wohnen in einem Radius von etwa fünf Autostunden rund 100 Millionen Menschen. Die Lage am Rand von Paris sichert zudem einen hohen Anteil an Touristen, die die französische Hauptstadt besuchen.

Im Verhalten der Kunden könnten aber einige Probleme liegen. Möglicherweise scheuen die anvisierten Kundengruppen aus den europäischen Ländern lange Anfahrtswege. Dies würde im deutlichen Gegensatz zu den traditionellen Zielgruppen des Unternehmens im amerikanischen Markt stehen, die durchaus bereit sind, große Entfernungen in Kauf zu nehmen. Des Weiteren ist es denkbar, dass Europäer aufgrund ihres spezifischen Freizeitverhaltens derartigen Aktivitäten einen geringeren Wert zumessen, als dies die Kunden im amerikanischen Markt tun.

Competition (Wettbewerb): Auf dem Markt für Vergnügungsparks, der nicht an nationale Grenzen gebunden ist, finden sich einige große und viele kleine Wettbewerber. Die angebotenen Leistungspaletten entsprechen sich im Großen und Ganzen, variieren aber in der Anzahl und dem technischen Aufwand der Attraktionen sowie den ergänzenden Serviceangeboten.

Der Wettbewerb zeichnet sich durch hohe Markteintritts- und Marktaustrittsbarrieren aus. Dies ist vor allem auf das hohe Investitionsvolumen bei der Errichtung und eventuell auch beim Abbau eines großen Vergnügungsparks zurückzuführen. Aus diesen Gründen ist der Neueintritt weiterer Unternehmen nicht wahrscheinlich und wäre mit großer Vorlaufzeit bekannt, sodass dies nicht als Ursache für die unzureichende Auslastung der Anlage festgestellt werden kann. Denkbar ist aber, dass andere Anbieter von Vergnügungsparks ihr Leistungsspektrum im Gegensatz zu dem hier zu analysierenden amerikanischen Unternehmen eher auf das Freizeitverhalten der europäischen Kunden ausgerichtet haben.

Außerdem ist es durchaus möglich, dass die Konkurrenzunternehmen vergleichsweise günstigere Eintrittspreise anbieten und somit eher die Nachfrage treffen. Ein weiteres Unterscheidungskriterium zwischen dem betrachteten amerikanischen Unternehmen und der europäischen Konkurrenz ist die Größe und die Anzahl der Vergnügungsparks. So wurde in diesem Fall lediglich ein Vergnügungspark errichtet, der das kumulierte Angebot aller Konkurrenten übersteigt. Die Konkurrenten wiederum errichteten oftmals mehrere kleinere, geografisch verteilte Vergnügungsparks (zum Beispiel Centerparks). Die enorme Größe kann nicht zwangsläufig als positives Kriterium gewertet werden, da Kunden diese mitunter auch als unübersichtlich und verwirrend empfinden.

Costs (Kosten): Der dritte Bereich der 4C-Analyse betrachtet die Kostenstruktur und deren Entwicklung bezogen auf das Unternehmen und dessen Branche.

Ein Problem dieses Vergnügungsparks könnte die geringe Auslastung der Anlage im Winter sein. In dieser klimatisch ungünstigen Zeit sind durch die geringe Auslastung große wirtschaftliche Defizite denkbar. So ist es dem Unternehmen nur begrenzt möglich, auf wichtige Kostentreiber Einfluss zu nehmen. Vor allem eventuell vorhandene Hotels weisen zu dieser Jahreszeit vermutlich eine extrem geringe Auslastung auf. Einige der Wettbewerber reagieren auf das Auslastungsproblem, indem sie ihre Anlagen in diesen Monaten schließen und so Kosten einsparen.

Problematisch sind zudem die im Vergleich zu den heimischen Parks anfallenden hohen Unterhaltskosten, da beispielsweise Energie- und Personalkosten in Frankreich auf einem höheren Niveau liegen als in den Vereinigten Staaten.

Capabilities (Fähigkeiten): Einige Kompetenzen des Unternehmens können klar identifiziert werden. Dazu gehören sicherlich die im Folgenden exemplarisch aufgeführten sowie die herausragenden Fähigkeiten im Marketing der Unternehmensmarke. Die Popularität des Unternehmens ist ein entscheidender Erfolgsfaktor. Darüber hinaus hat sich das Konzept des Unternehmens auf dem amerikanischen Markt als sehr erfolgreich erwiesen. Erforderlich ist sicherlich eine extensivere Anpassung an die europäische Nachfrage. Außerdem bietet der Vergnügungspark eine große Zahl von Attraktionen. Aufgrund des geringen Alters der Anlage kann man auf das Vorhandensein von State-of-the-Art-Attraktionen schließen, die von selbst für ein großes Nachfrageinteresse sorgen. Abgrenzen kann sich das Unternehmen von den meisten seiner Mitbewerber durch das Angebot an Übernachtungsgelegenheiten. Dies ermöglicht Kunden den bequemen Besuch des Vergnügungsparks an mehreren aufeinander folgenden Tagen.

Bereits aus dieser kurzen Diskussion werden viele Problemfelder des Vergnügungsparks ersichtlich. Entscheidend für die Bearbeitung dieser Aufgabe ist eine systematische Vorgehensweise; tiefer gehende Aspekte und Detailwissen erschließen sich in der Diskussion teilweise von selbst.

Abschließend sollte es sicherlich möglich sein, einige Vorschläge zu erarbeiten, die zu einer Verbesserung der wirtschaftlichen Situation des Vergnügungsparks führen können. Dazu zählt beispielsweise der Versuch, das Personal des Parks flexibel an die Nachfrage anzupassen, die Auslastungstäler durch Specials aufzufangen, wenig besuchte Attraktionen aufzugeben oder in den Wintermonaten entweder einen Teil oder den ganzen Park zu schließen.

4. Fallstudie: IT-Distributeur

Ein Unternehmen der IT-Branche operiert in verschiedenen Marktsegmenten. Dabei umfasst die Leistungspalette seit einigen Jahren drei zentrale Gruppen: den Vertrieb von Standardanwendungssoftware mit einem geringen bis mittleren relativen Marktanteil, den Vertrieb von Nischensoftware mit einem mittleren bis hohen relativen Marktanteil sowie den Handel mit Hardware mit einem geringen relativen Marktanteil. Für den Hardwarehandel wird nicht extensiv geworben; das Hardwaregeschäft erfolgt im Cross-Selling als Zusatzleistung für bestehende Softwarekunden. So werden von dem Unternehmen eher sporadisch Netzwerke beschafft und bei Kunden installiert. Der Handel dieser Produkte wird im Vergleich zum Softwarevertrieb und dem E-Business folglich nicht aktiv gefördert.

Ergänzend konnten im vergangenen Jahr auch im Bereich des E-Business Kompetenzen aufgebaut werden, wobei wiederum lediglich ein geringer relativer Marktanteil vorliegt. Durch den Aufbau des eigenen Internetshops und die enge Kooperation mit führenden Entwicklern hat das betrachtete Unternehmen eine Kompetenz in diesem Bereich aufgebaut. Es ist in der Lage, Unternehmen jeder Größenordnung neben der Umsetzung einer Internetpräsentation auch die Implementierung eines vollständigen E-Commerce-Systems, das auf dem neuesten Transaktionsstandard basiert, anzubieten. Das umfassende Leistungspaket ist ein Wettbewerbsvorteil des Unternehmens.

Einen Überblick über die Anteile der vier Geschäftsfelder am Umsatz und Gewinn des Unternehmens bietet die Tabelle auf der folgenden Seite.

Das Management des Unternehmens ist sich der steigenden Marktkomplexität bewusst und beauftragt Sie, ein strategisches Marktkonzept für die nächsten Jahre zu entwickeln.

	Umsatz	Gewinn
Electronic Business	20 %	10 %
Hardware	20 %	10 %
Standardanwendungssoftware	20 %	20 %
Nischensoftware	40 %	60 %

Anteile der Geschäftsfelder an Umsatz und Gewinn

→ *Der Weg zur Lösung*

Ausgangspunkt der Entwicklung eines strategischen Marktkonzepts ist die Betrachtung der aktuellen Geschäftsfelder. Zur Bearbeitung dieser Aufgabenstellung bietet sich die Boston-Consulting-Group-Matrix (BCG) als Portfolio-Analyseinstrument an.

Mit Hilfe der BCG-Matrix lassen sich strategische Geschäftseinheiten anhand von zwei Dimensionen differenziert darstellen. Auf der Y-Achse wird die Marktwachstumsrate als Merkmal für die Marktattraktivität und auf der X-Achse der relative Marktanteil als Indiz für die Stellung im Wettbewerb abgebildet; der relative Marktanteil ist als Quotient aus dem eigenen Marktanteil und dem des größten Wettbewerbers definiert. Somit ergibt sich eine 2x2-Matrix, in die die vier strategischen Geschäftsfelder, die in der Aufgabenstellung angesprochen wurden, eingeordnet werden können:

1. Nischensoftware: Das Sortiment dieser Geschäftseinheit kann vielfältig sein und unter der expliziten Ausnutzung von Marktnischen zusammengestellt werden.

Der Vertrieb von Nischensoftware, der einen Großteil zum Unternehmensumsatz und Gewinn beiträgt, kann als Cash Cow betrachtet werden. Diese strategische Geschäftseinheit ist durch einen hohen Marktanteil in mehreren Nischenmärkten gekennzeichnet. Vermutlich liegt hier ein

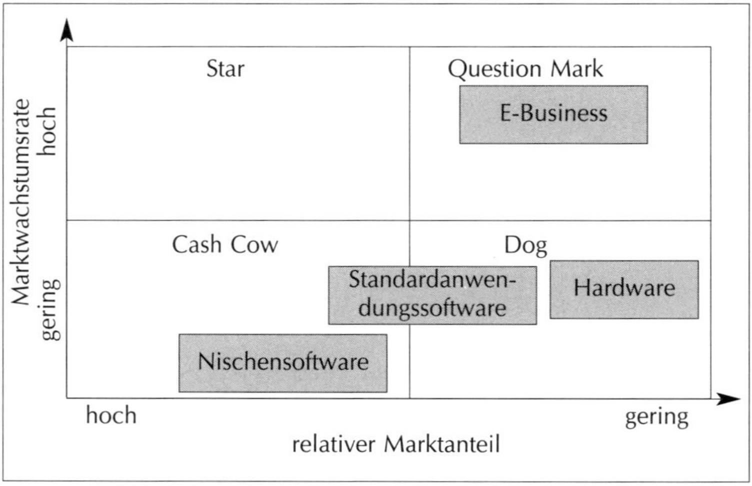

Übersicht über die strategischen Geschäftsfelder

geringes Marktwachstum vor. Diese bereits am Markt etablierte Geschäftseinheit erwirtschaftet die für die Entwicklung anderer Einheiten benötigten finanziellen Ressourcen.

2. Standardanwendungssoftware: Eine weitere strategische Geschäftseinheit, die ein Fünftel des Unternehmensumsatzes und auch des Gewinns ausmacht, ist der Vertrieb von Standardanwendungssoftware. Der relative Marktanteil des betrachteten Unternehmens ist als gering zu bezeichnen, wobei der gesamte Markt ein enormes Volumen aufweist. Hier dürfte die Marktwachstumsrate höher als bei den Nischenprodukten, aber dennoch insgesamt gering sein.

3. Hardware: Die dritte strategische Geschäftseinheit des Unternehmens ist der Handel mit Hardware. Neben dem Vertrieb von Software ist dies ein weniger wichtiger Bereich im Leistungsportfolio des Unternehmens und hat nur einen relativ geringen Marktanteil. Auch in diesem Fall kann man davon ausgehen, dass die Marktwachstumsrate zwar auf einem höheren Niveau liegt als bei den Nischenprodukten, aber dennoch generell gering ist. Der Vertrieb dieser Komponenten beträgt zurzeit zwar ein Fünftel des gesamten Umsatzes, generiert aber lediglich einen geringen Anteil am Gewinn.

4. E-Business: Die vierte und letzte strategische Geschäftseinheit umfasst Leistungsaktivitäten rund um das E-Business. Viele Gründe sprechen für den Einsatz von E-Business in Unternehmen wie beispielsweise die einfache und kostengünstige Präsentation der Produkte oder das zu erwartende starke Marktwachstum; die Integration von Warenwirtschaftssystemen und die Abwicklung des Zahlungsverkehrs sind entscheidende Schritte zur vollständigen Automatisierung des Handels über dieses Medium. Die Question Marks der strategischen Geschäftseinheiten besitzen zurzeit lediglich einen geringen relativen Marktanteil. Ein Fünftel des gesamten Unternehmensumsatzes wird über diese Dienstleistungen erwirtschaftet. Dabei liegt der Anteil am gesamten Unternehmensgewinn lediglich bei zehn Prozent.

Entwicklungsstrategie

Im Anschluss an die Aufnahme der relevanten Daten zu den strategischen Geschäftseinheiten kann eine Strategie für das Leistungsportfolio entwickelt werden. Dabei sind verschiedene Migrationsstrategien für die einzelnen Geschäftseinheiten denkbar. Dennoch gehen aus den erhaltenen Daten einige zentrale erfolgskritische Aspekte hervor. Eine Übersicht über die geplanten Migrationswege der vier Geschäftseinheiten bietet die Abbildung auf der nächsten Seite.

Der Handel mit Hardware sollte aufgrund des umkämpften Markts, des geringen Umsatzanteils, der unter Umständen auch auf eine geringe Profitabilität zurückzuführen ist, und des geringen relativen Marktanteils nicht ausgebaut werden. Aufträge, die sich im Rahmen von Projekten wie

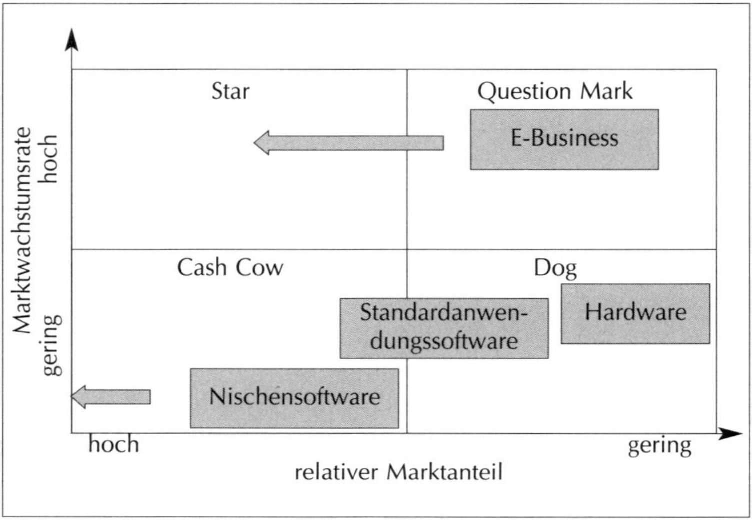

Migrationsstrategien für strategische Geschäftsfelder

der Implementierung eines E-Business ergeben, können weiterhin realisiert werden. Der Einsatz betrieblicher Ressourcen in dieser strategischen Geschäftseinheit sollte aber auf ein Minimum reduziert werden.

Dem Question Mark der strategischen Geschäftseinheiten sollte in Zukunft besondere Beachtung zuteil werden. Bei dem Versuch, die Marktposition im E-Business auszubauen, wird ein hoher Einsatz an Ressourcen zwingend erforderlich sein. Aufgrund der guten Perspektiven dieses Marktes und der vorhandenen Kompetenzen soll ein Ausbau dieser Geschäftseinheit angestrebt werden.

Der Vertrieb von Nischensoftware, die Cash Cow des Portfolios, kann ebenso geringfügig ausgebaut werden. Dazu ist die Nutzung weiterer Marktnischen denkbar. In jedem Fall ist die Marktführerschaft zu halten. Die hohen Erträge müssen abgeschöpft werden und stehen somit anderen Geschäftseinheiten, insbesondere dem Bereich E-Business, zur Verfügung.

Der Handel mit Standardanwendungssoftware kann verschiedene Wege einschlagen. Einerseits steht dem Unternehmen die Variante zur Verfügung, aus dem Markt auszusteigen und betriebliche Ressourcen in den beiden wichtigeren Geschäftsfeldern zu investieren. Denkbar ist andererseits der Versuch, sich in diesem Markt zu etablieren und den relativen Marktanteil entsprechend auszubauen. Durch die Nutzung der Kernkompetenz E-Business kann ein internetbasierter Vertrieb realisiert werden.

5. Fallstudie: Prozessoptimierung Schreibwaren

Das Unternehmen Papier AG ist ein Schreibwarengroßhändler mit insgesamt zwölf Standorten in ganz Deutschland. Dreimal im Jahr, zum Schulanfang und jeweils zum Beginn der Studiensemester, erreichen die Schreibwarenverkäufe einen Höhepunkt. Um mit diesen Kapazitätsengpässen besser zurechtzukommen, wurde von der Geschäftsleitung beschlossen, die Bestellungen der Stammkunden (vor allem der Universitätsbuchhandlungen und -schreibwarenläden) in Zukunft dezentral in den Geschäftsstellen vor Ort zu bearbeiten. Die aktuellen Geschäftsprozesse benötigen dringend eine Optimierung. Der Auftragsbearbeitungsprozess wird im Folgenden exemplarisch und auszugsweise für einen der Standorte beschrieben:

Alle Bestellformulare werden drei Monate vor Semesterbeginn/Schulanfang an die Stammkundschaft verschickt. Die Kunden schicken dann die ausgefüllten Formulare an den jeweiligen Standort der Papier AG zurück. Beim Eingang der Bestellung werden die einzelnen Artikel jeweils auf Karteikarten erfasst und eine Eingangsquittung erstellt, die wiederum an den Kunden verschickt wird. Danach werden die Artikelkarteikarten und die Bestellformulare sortiert und archiviert. All diese Aktivitäten führt Sachbearbeiter A (Verkaufsabteilung) aus. Einen Monat vor Semesterbeginn/Schulanfang werden die Artikel dann nach den jeweiligen Lieferanten gruppiert und die einzelnen Bestellungen an die Lieferanten verschickt. Sachbearbeiter B, der in der Einkaufsabteilung arbeitet, ist hierfür verantwortlich.

Wird eine Palette mit Waren in das Lager geliefert, vergleicht ein Lagerfacharbeiter den Paletteninhalt mit dem Lieferschein, den er dann mit Vermerk »o.k.« oder »fehlerhaft« in die Ablage des Lagermanagers weiterleitet. Falsch gelieferte Artikel werden sofort durch den Lagerfacharbeiter an den Lieferanten zurückgesendet. Der Lagermanager reklamiert im gegebenen Fall falsche oder fehlende Artikel beim Lieferanten telefonisch. Sind die Lieferungen korrekt, wird die Buchhaltung darüber telefonisch vom Lagermanager informiert, die Zahlung wird angewiesen. Der Lieferschein wird an den Sachbearbeiter A weitergeleitet, der die Artikelkarteikarten der erhaltenen Artikel aussortiert.

Die Universitätsbuchhandlungen und -schreibwarenläden wurden bisher nicht über die erwarteten Lieferzeiten und den aktuellen Stand der Bestellung informiert. Aus diesem Grund rufen Kunden häufig an, um sich darüber zu informieren, ob die Gesamtbestellung termingerecht ankommen wird.

Sie haben von der Geschäftsführung der Papier AG den Auftrag erhalten, die Geschäftsprozesse, insbesondere den Auftragsbearbeitungsprozess, zu optimieren. Die für Ihr Optimierungsprojekt vom Topmanagement ausgegebenen Nebenbedingungen sind die Untersuchung des Prozesses hinsichtlich seiner Fokussierung und seines Beitrags in Bezug auf Kundenorientierung, Prozesszeit und Prozessqualität.

→ *Der Weg zur Lösung*

Auf den ersten Blick werden bei diesem Prozess eine Vielzahl von organisatorischen Schnittstellen und Medienbrüchen sichtbar. Die Fehleranfälligkeit (Prozessqualität), die Bearbeitungsgeschwindigkeit und die Liegezeiten (Prozesszeit) wie auch die Prozesskosten können zweifellos durch eine Reorganisation des Prozesses mit Unterstützung und Einbeziehung von Informationstechnologie reduziert werden.

Um die Analyse anschaulicher und kürzer zu gestalten, wird an dieser Stelle nur der Ist-Prozess diskutiert, anhand dessen Ansatzpunkte für eine Optimierung abgeleitet werden. Dessen Abbildung wird an dieser Stelle nur auf die ersten Aktivitäten innerhalb des Gesamtprozesses verkürzt, um Ihnen eine Vorstellung von einer Prozessdarstellung zu vermitteln. Die Anmerkungen und Optimierungsvorschläge beziehen sich allerdings auf den gesamten Prozess. In der folgenden Abbildung werden die ersten Bestandteile des Prozessablaufs anhand einer wenig formalen Methode deutlich.

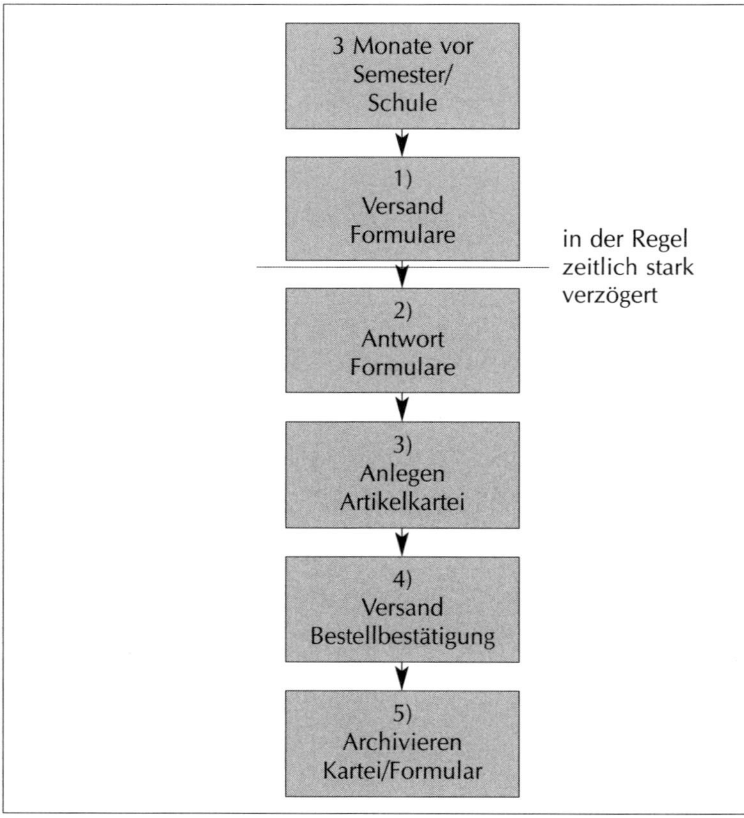

Der Auftragsbearbeitungsprozess der Papier AG (Teilaspekt)

Der Prozess beginnt, wie im Aufgabentext erwähnt, drei Monate vor Schulbeginn/Semesteranfang. Sachbearbeiter A versendet im ersten Prozessschritt die Bestellformulare an Stammkunden. Bereits hier stellt sich die Frage, warum gerade bei Universitäten das Formular nicht in Form einer Datei als E-Mail-Anhang elektronisch übermittelt wird. Hierdurch ließen sich Zeit (zum Beispiel für den Ausdruck des Formulars) und Kosten (zum Beispiel für die Frankierung der Versandumschläge) einsparen. Zur optimierten Befriedigung der Kundenbedürfnisse würde sich sogar die Einrichtung eines Bestellformulars auf der Homepage der Papier AG anbieten, das der Kunde dann zu jeder Zeit ausfüllen und abschicken kann.

Im nächsten Schritt wird das ausgefüllte Bestellformular vom Kunden an die Papier AG zurückgeschickt.

Im dritten und vierten Prozessabschnitt wird wiederum durch Sachbearbeiter A für jeden bestellten Artikel eine Karteikarte angelegt, eine Auftragsbestätigung für den Kunden ausgestellt und zugesendet. Danach werden im fünften Schritt sowohl das Bestellformular als auch die Karteikarten von Hand archiviert. Hier sind ebenfalls Optimierungspotenziale offensichtlich. Durch die Vernetzungsmöglichkeit eines elektronischen Formulars auf der Website der Papier AG mit einer Artikeldatenbank entfällt der Übertrag der Bestellformulare von Hand. Die Inhalte des elektronischen Bestellformulars können automatisch in eine dafür vorgesehene Bestelldatenbank eingelesen werden. Dadurch entfallen einerseits die Arbeitszeiten für den Sachbearbeiter A, andererseits sinkt die Fehleranfälligkeit, da kein Übertrag der Daten von Hand stattfindet. Ebenfalls automatisch kann die Eingangsbestätigung per E-Mail an den Kunden versendet werden. Die Archivierung als Extraschritt entfällt durch den Einsatz von Informationstechnologie ebenfalls.

In den nächsten beiden Schritten werden die Karteikarten mit den bestellten Artikeln nach Lieferanten sortiert und die Artikel bestellt. Durch die bereits beschriebene Datenbanklösung erfolgt das Sortieren wiederum auf »Knopfdruck«. Die Bestellung kann per E-Mail an die jeweiligen Lieferanten, eventuell sogar ohne Prüfung durch Mitarbeiter B, versendet werden. An dieser Stelle wird auch das in der Papier AG bisher gering ausgeprägte prozessuale Denken sichtbar. Es ist vom Bearbeitungsgesichtspunkt nicht klar, weshalb nicht ein und derselbe Mitarbeiter den Prozess sowohl beim Bestellungseingang als auch bei der Weitergabe der Bestellung an die jeweiligen Lieferanten begleiten sollte.

Die nächsten Schritte beinhalten die Annahme der gelieferten Waren durch den Lagerarbeiter, den Abgleich mit der Bestellung und die Weitergabe der Information über den Status der Lieferung an den Lagermanager. Da dies bisher von Hand geschieht, sind die Arbeitsschritte zeitintensiv und fehleranfällig. Eine Optimierung wäre durch die Verwendung eines Barcodescanners denkbar, bei der die EAN-Codes der gelieferten Artikel eingelesen werden. Das firmeneigene Informationssystem vergleicht dann automatisch die eingelesenen Artikel mit den Bestellungen und kann gegebenenfalls Abweichungen sofort elektronisch an den Lagermanager weiterleiten. Im Fall einer falschen oder unvollständigen Lieferung erfolgen das Zurücksenden der fehlerhaften Lieferung durch den Lagerfacharbeiter sowie die Reklamation durch den Lagermanager parallel. Diese Schritte sollten sinnvollerweise von einer Person ausgeführt werden. Dadurch verringert sich die Anzahl der organisatorischen Schnittstellen und die Fehleranfälligkeit sowie die Durchlaufzeit des Prozesses. Da die Artikel elektronisch erfasst wurden, kann die Fehlerhaftigkeit einer Lieferung in Echtzeit festgestellt werden und dieser »Fehlerreport« automatisch per E-Mail an den jeweiligen Lieferanten verschickt werden. Die falsch gelieferte Ware kann dann anhand der

Reportdaten durch den Lagerfacharbeiter wieder verpackt und zurückgesandt werden.

In den nächsten beiden Schritten des Ist-Prozesses wird die Buchhaltung von einer korrekten Lieferung durch den Lagermanager informiert, damit sie die Zahlung anweist. Auch diese Schritte sollten optimalerweise reorganisiert werden, da die Zahlungsfreigabe automatisch aufgrund der im Informationssystem erfassten Daten per Online-Banking erfolgen kann.

Die Position des Lagermanagers ohne wirkliche operative Funktion kann hier durchaus in Frage gestellt werden. Die von ihm bisher wahrgenommenen Aufgaben werden jetzt teilweise durch das Informationssystem übernommen und teilweise durch einen der Sachbearbeiter oder den Lagerfacharbeiter erledigt. Das Weiterleiten des vollständigen Lieferscheins an den Sachbearbeiter A und das Aussortieren der Artikelkarteikarten entfällt durch das Informationssystem ebenfalls. Die gelieferten Artikel werden automatisch durch das Erfassen im Wareneingang in der Bestelldatenbank als geliefert markiert.

Eine notwendige Optimierung der Kundenorientierung ist besonders beim letzten in der Aufgabenstellung erwähnten Schritt einleuchtend. Da die Kunden bisher nicht über den Status und das Lieferdatum ihrer Bestellung informiert wurden, kam es häufig zu telefonischen Anfragen an die Niederlassungen der Papier AG. Dieses Vorgehen ist einerseits nicht sehr kundenfreundlich und erfordert andererseits Kapazitäten für die Entgegennahme und die Beantwortung der telefonischen Anfragen. Aus dem automatisch oder regelmäßig manuell veranlassten Abgleich der Bestelldatenbank mit den erhaltenen Lieferungen kann jederzeit der Status einer Kundenlieferung festgestellt werden. Die Benachrichtigung der Kunden über den Status kann nun per E-Mail oder auf Wunsch auch als Fax versandt werden.

In einem weiteren Schritt ist es denkbar, dass die Kunden den aktuellen Status, den physischen Lagerort der bestellten Waren und das wahrscheinliche Lieferdatum ihrer Bestellung im Internet auf der Website der Papier AG verfolgen können. Die amerikanische Express-Paketdienstfirma UPS hat die Praxistauglichkeit eines derartigen Kundenservices bereits vor etlichen Jahren nachgewiesen.

Durch diese Schritte zur Prozessoptimierung werden die bisher beteiligten Mitarbeiter stark entlastet. Dieser Zeit- und Arbeitskraftgewinn kann durch eine Aufgabenerweiterung für die einzelnen Mitarbeiter genutzt werden. Hierbei besteht die Möglichkeit, mit der gleichen Anzahl an Mitarbeitern ein viel höheres Auftragsvolumen zu bearbeiten. Andererseits können die jeweiligen Mitarbeiter in der Qualitätskontrolle oder aber auch verstärkt im Kundendienst eingesetzt werden. Von der Rationalisierung von Arbeitsplätzen soll durch diese Neuallokation der Aufgaben der Mitarbeiter abgesehen werden.

Im Mittelpunkt steht neben der organisatorischen Reorganisation eindeutig der Einsatz von Informationstechnologie. Dadurch gelingt es, eine Vielzahl der Probleme nahezu »automatisch« zu lösen und die Arbeit effizienter und für die Prozessbeteiligten angenehmer zu gestalten. Eine Vielzahl der organisatorischen Schnittstellen und Medienbrüche ist unnötig und wird durch die Optimierungen obsolet.

6. Fallstudie: E-Commerce/ Internet-Consulting

Sie sind Consultant einer weltweit führenden Topmanagement-Beratung und werden von einem jungen Start-up-Unternehmen mit dem Namen »customcar.com« um Unterstützung gebeten. Dessen Firmenidee basiert darauf, dass sich die Kunden auf der Website von customcar.com bei verschiedenen Automobilherstellern (im ersten Schritt beschränkt auf einen Automobilhersteller) ihr persönliches Auto in der gewünschten Farbe, mit der gewünschten Ausstattung und zu einem attraktiven Preis zusammenstellen können. Neben diesen Basischarakteristika überlegt customcar.com, seine Website im Sinn einer Community rund um das Thema »Auto« auf- und auszubauen.

Welchen (inhaltlichen) Mehrwert können Sie customcar.com durch Ihre Beratung bieten? Welche Formen der (organisatorischen) Zusammenarbeit sind vorstellbar und wie wirkt sich das auf Ihr Beratungshonorar aus?

→ *Der Weg zur Lösung*

Gerade im Bereich Internet-Start-up gibt es eine Vielzahl von möglichen Geschäftsmodellen, sodass das Vorgehen hier nur exemplarisch anhand einiger signifikanter Begriffe aus diesem Umfeld verdeutlicht werden kann. Ob die Gesamtidee für die Errichtung einer solchen Plattform realistisch ist, welche Erträge dadurch generiert werden können und welche Aufwände dem gegenüberstehen, wird an dieser Stelle nicht betrachtet. Die Einschätzung der Erfolgsaussichten des Unternehmens spielt speziell bei der Evaluation der Vergütungsstruktur der Unternehmensberatungsleistung eine erhebliche Rolle. Auf diesen Sachverhalt wird am Ende der Fallstudie eingegangen.

Davon ausgehend, dass sich das Geschäftsmodell von customcar.com als umsetzbar und aussichtsreich für alle beteiligten Parteien darstellt, wird anhand der Wertschöpfungskette von Porter das Leistungsangebot der Unternehmensberatung im Bereich E-Commerce mit den potenziellen Bedürfnissen von customcar.com verglichen, um Ansatzpunkte für eine weitere Zusammenarbeit zu evaluieren.

Potenzielle Beratungsfelder im Bereich des generellen Managements sind:
- Businessplanerstellung (inklusive Marktstudien und Geschäftsmodell)
- Vorbereitung und Durchführung der Gespräche mit Investoren (wie Private Equity Häusern, Venture Capitalists)
- Partnersuche und Evaluierung dieser Partner für die Community (zum Beispiel Versicherungen, Tuninganbieter, Motorsportmagazine)
- Design/Optimierung der Strategie, Vision & Mission
- Design/Optimierung der Firmenstruktur und der Prozesse
- Übernahme von Positionen eines Managements auf Zeit (zum Beispiel auf CEO- oder CFO-Ebene)
- Vorbereitung und Durchführung des IPO (Initial Public Offering)

Bei Betrachtung der potenziellen Leistungen, die für den Bereich des Personalmanagements in Frage kommen, ergeben sich weitere potenzielle Aufgabenfelder für die Beratung:
- Entwicklung und Implementierung der Personalbeschaffungsstrategie
- Evaluierung und Auswahl von Personalberatungen (»Headhunter«)
- Entwicklung des Personalwesens (inklusive Stellenbeschreibungen, Berichtswesen, Beurteilungssystemen)

- Entwicklung von Vergütungssystemen wie zum Beispiel einem Stock-Options-Plan

Der Bereich des Informations- und Technologiemanagements eröffnet ebenfalls eine Reihe von Betätigungsfeldern für Unternehmensberatungen:
- Entwicklung der IT-Strategie
- Umsetzungsunterstützung der IT-Lösungen (gegebenenfalls mit Partnern)

Bei der generellen Ressourcenbeschaffung bieten sich als Leistung der Beratungsgesellschaft folgende Optionen an:
- Lieferung von Know-how und aktiven Managementleistungen für den Start-up
- Eigene Bereitstellung von Beteiligungskapital

Im Bereich der Eingangslogistik gibt es beim Greifen der Intermediary-Idee für die Handelsplattform eine Reihe von Aufgaben, bei denen Beratungsleistungen einen Nutzenzuwachs liefern können:

Prinzipiell muss bei jedem Hersteller die logistische Voraussetzung für die Production-on-Demand hergestellt werden. Da die Auslieferung der Autos durch die Hersteller erfolgt, kann als Eingangslogistik am ehesten der Eingang und die Pflege der Fahrzeugarten, Ausstattungsmerkmale und Preise auf der Handelsplattform betrachtet werden. In diesem Zusammenhang ergibt sich für eine Beratung die Möglichkeit des konzeptionellen Entwurfs dieser Leistungserbringung auf der Homepage. Des Weiteren stellt sich beim Aufbau einer Auto-Community die Frage, wie die Partner (zum Beispiel Versicherungen, Tuninganbieter) operativ eingebunden werden können.

Im Bereich der »Produktion« gilt es, eine einheitliche Softwarelösung für die Plattform zu entwickeln, die von den einzelnen Herstellern auch bei der Production-on-Demand eingesetzt werden kann. Darüber hinaus sind weitere Aufgaben zu erledigen, die entweder von Beratern ausgeführt oder aber koordiniert werden können, wie zum Beispiel die konzeptionelle Erstellung des »Produktionsplans« von Inhalten zum Thema Auto.

Bei der Ausgangslogistik können bereits erprobte Logistikkonzepte auf die Situation der Handelsplattform übertragen und deren Umsetzung begleitet werden.

Speziell bei Marketing und Sales ergeben sich für Beratungen vielfältige, einen Mehrwert liefernde Einsatzmöglichkeiten:

- Entwicklung der Marketingstrategie
- Vorbereitung und Durchführung von Verhandlungen mit Marketingpartnern (zum Beispiel andere Unternehmen, Medienpartner)
- Entwicklung und Implementierung des Online-Verkaufs- und Einnahmenkonzepts (zum Beispiel Shop-Lösungen, Click-Through, Paketbündelung)

Im Servicebereich gibt es eine Vielzahl von Dienstleistungen, die durch die Community-Betreiber angeboten werden können. Dies sind zum Beispiel die Online-Verfolgung des Kundenauftrags oder Informationen über weitere geplante Aktivitäten und Neuigkeiten in der Community, eine Hotline für Probleme jeder Art oder ein Chatforum für Fragen an Experten zu ausgewiesenen Themen. Bei all diesen Fragestellungen können Beratungen einen konzeptionellen Beitrag leisten. Inwiefern die Implementierung dieser Serviceangebote zusammen mit den Beratungen erfolgen kann, hängt von den spezifischen Kompetenzen des jeweiligen Unternehmens ab. Es stellt sich generell die Frage, inwiefern klassische Managementberatungen aufgrund ihrer Kompetenz überhaupt für derartige Consulting-Aufträge geeignet sind und ob man nicht innovativen, aufstrebenden

New-Economy-Beratungen wie zum Beispiel Scient oder Razorfish den Vorzug geben sollte.

Abschließend sollen nochmals getrennt Möglichkeiten und Formen einer Zusammenarbeit zwischen der Beratung und dem Start-up aufgezählt werden. Grundsätzlich haben sich folgende Varianten als in der Praxis erfolgreich hervorgetan:

- Klassische Beratungsrolle: Die Beratung liefert Know-how und Dienstleistungen und wird auf Tagessatzbasis oder Projektvertragsbasis bezahlt
- Die Beratungsdienstleistung wird durch eine prozentuale Beteiligung an den Umsätzen der Community vergütet
- Die Beratung wird als Investition in den Start-up gesehen, sodass sie für ihre Leistungen mit Anteilen am Unternehmen bezahlt wird

Darüber hinaus ist eine Vielzahl von Kombinationen dieser drei Grundmodelle denkbar. Am sinnvollsten für den Start-up dürften wohl die Alternativen zwei und drei sein, da dadurch die Motivation der Berater, Erfolg versprechende Konzepte zu liefern und an einer effizienten und zügigen Umsetzung mitzuwirken, am größten sein dürfte. Für die Unternehmensberatung ergibt sich die Reihenfolge der Attraktivität der hier dargestellten Vergütungsmodelle mit der Einschätzung der Lukrativität und der Zukunftsfähigkeit des zu beratenden Start-ups.

7. Fallstudie: Geschäftsstruktur

Sie kommen als Berater zur Geschäftsführung eines mittelständischen Unternehmens im produzierenden Gewerbe. Während des Gesprächs erfahren Sie, dass die Geschäftsführung neu eingesetzt wurde und sich einen objektiven Gesamtüberblick über die operativen Funktionen ihrer Unternehmung verschaffen möchte.

Eine Besonderheit des Unternehmens ist, dass die in der Abteilung Forschung und Entwicklung erbrachten Leistungen nicht nur in die Produktion vor Ort einfließen, sondern gegen Lizenzgebühren auch durch Dritte im Ausland erbracht werden. Auch die Entwicklung von Spezialprodukten (kundenspezifische Besonderheiten werden in Forschung und Entwicklung berücksichtigt) kann beim Unternehmen in Auftrag gegeben werden, es handelt sich somit um eine spezielle Auftragsentwicklung.

Sie sollen nun alle Bereiche des Unternehmens durchforsten, die Aufgabenbereiche kurz darstellen und die jeweiligen Stärken und Schwächen herausstellen. Wie gehen Sie vor?

→ *Der Weg zur Lösung*

Um sich einen Überblick über das Unternehmen zu verschaffen, bietet sich die Analyse anhand der Wertschöpfungskette von Porter an. Für eine anschließende Stärken-Schwächen-Analyse eignet sich die SWOT-Methode am besten.

Betrachten wir zuerst die Wertschöpfungskette, um eine Abbildung der einzelnen betrieblichen Funktionen zu erreichen. Bei einem mittelständischen Unternehmen des produzierenden Gewerbes bietet sich die folgende Gliederung in primäre und sekundäre Aktivitäten an.

Eingangslogistik: Dieser Bereich umfasst den Eingang, die Kontrolle, die Lagerung sowie den Transport von Waren/Produkten, die zur weiteren Leistungserstellung innerhalb des Unternehmens notwendig sind. Um die Situation genauer zu analysieren, kann man folgende Fragen stellen:

- Wie hoch ist der Grad der Automation innerhalb der Eingangslogistik? Können hier Verbesserungen durch eine höhere Automatisierung erzielt werden?
- Wie ist es um die Wareneingangskontrolle bestellt, arbeitet sie zuverlässig mit hoher Erfolgs-/Trefferquote?
- Wie sieht es mit den Lagerbeständen aus, besteht die Möglichkeit einer Lagerbestandsreduzierung?
- Wie effektiv arbeitet die Lagerverwaltung?

Forschung und Entwicklung: Dieser Bereich zählt nach Porter eigentlich nicht zu den primären Aktivitäten. In Anbetracht der Tatsache, dass die Forschungs- und Entwicklungsabteilung eine wichtige Rolle für die Wertschöpfung des Unternehmens darstellt (Auftragsentwicklung/Lizenzeinnahmen), sollte sie an dieser Stelle jedoch berücksichtigt werden. Innerhalb dieses Bereiches sollte man die Patentsituation betrachten und die folgenden Fragen untersuchen, um sich einen Überblick über die Abteilung zu verschaffen:

- Sinkt die Zahl der Patentanmeldungen oder steigt sie?
- Wie sind die daraus resultierenden Lizenzeinnahmen verteilt?
- Wenn es eine Konzentration der Lizenzeinnahmen auf eine Produktart gibt: Wie lange besteht der Patentschutz noch?
- Stehen weitere Erfolg versprechende Patententwicklungen bevor?
- Wie steht es um die Produkttechnologie?
- Wie groß ist die Produktdifferenzierung?
- Wie sieht es mit der Produktqualität aus?

Produktion: In diesem Teilbereich des Unternehmens wird der gesamte Arbeitsablauf der Produktherstellung hinterfragt:

- Wie sieht die Standortstruktur aus?
- Wie steht es um die Prozesstechnologie?
- Wie hoch ist die Kapazität, auf welchem Niveau liegt das Produktionsvolumen und wie sah die Performance in der Vergangenheit aus?
- Welche Kostenstruktur gibt es?
- Wie sieht die Beschaffungsseite der Roh-, Hilfs- und Betriebsstoffe aus?
- Wie ist es um die Flexibilität bestellt? Ist es möglich, kurzfristige Produktveränderungen, gemäß Kundenwunsch, in die Produktion einfließen zu lassen?

Ausgangslogistik: Unter diesen primären Teilbereich fallen die Lagerung der Fertigprodukte sowie deren Distribution zum Kunden. Vor allem Letztere kann sehr kostenintensiv sein und verdient deshalb eine besondere Beachtung. Mögliche Fragestellungen wären:

- Wie sieht die Lagerstruktur aus?
- Wie groß ist das Vorratsvermögen und wie hoch ist die durchschnittliche Bevorratungsmenge?
- Besteht die Möglichkeit, die durchschnittliche Bevorratungsmenge zu reduzieren?
- Wie erfolgt die Konfektionierung der Ware?
- Wie sehen die Vertriebskanäle aus?
- Welche Transportmittel werden verwendet? Erfolgt der Transport der Ware zum Kunden durch Dritte, also durch ein externes Unternehmen oder durch einen internen Vertriebskanal (eigene Kraftfahrzeuge)?
- Wenn es einen eigenen Fuhrpark gibt, sollte man überlegen, ob nicht eine Externalisierung effizienter wäre.
- Wie sieht die Kostenverteilung in den genannten Bereichen aus?

Marketing und Vertrieb: Die Schlüsselpositionen dieses Unternehmensbereichs, in dem es um alle Aktivitäten geht, die den Verkauf der Produkte und Dienstleistungen fördern, werden wie folgt hinterfragt:

- Wie geschieht die Preisfestsetzung?
- Wie wird die Unternehmens-/Produktwerbung platziert?
- Wird an den branchenüblichen Messen teilgenommen?
- Wie sieht die Außendarstellung des Unternehmens aus?
- Wie steht es um den Bereich Account-Management?
- Ist der Verkauf effizient ausgestaltet?

Service: Der Servicebereich ist für die Kunden oftmals ausschlaggebend für die Auswahl ihres Lieferanten. Deshalb sollte hier eine effiziente Struktur mit dem Ziel hoher Kundenzufriedenheit vorliegen. Wichtige Fragen in diesem Bereich sind:

- Wie schnell reagiert der Servicebereich auf Anfragen?
- Wie hoch ist der Preis für diesen Service oder ist er Teil der Produktleistung?
- Wird der Service vom Kunden erwartet?
- Ist der Service ein Teilbereich des Unternehmens? Wenn ja, wäre die Ausgliederung dieses Bereiches eine Alternative?

Der nächste Schritt bei der Abbildung des Unternehmens beziehungsweise der Abläufe innerhalb des Unternehmens bezieht sich auf die sekundären Aktivitäten, die abteilungsübergreifende Auswirkungen haben und in folgende vier Bereiche gegliedert werden können.

General Management: Dieser Bereich bleibt bei der vorliegenden Aufgabenstellung unberücksichtigt, da man davon ausgehen darf, dass die Unternehmensführung hierin Einblicke hat und deren Fokus auf der Abbildung des Unternehmens und seinen Aktivitäten sowie dem Verbesserungspotenzial liegt. Die Tatsache des Wechsels an der Managementspitze legt den Schluss nahe, dass, abgesehen von anfänglichen Reibungsverlusten und Akklimatisierungsproblemen, in diesem Bereich eine Stärkung des Unternehmens stattgefunden hat.

Personalmanagement: Hierunter fallen die Entlohnung, Weiterbildung, Rekrutierung sowie die Freisetzung des betrieblichen Personals. Fragen, die in diesem Bereich gestellt werden könnten, um sich ein Bild von der Abteilung und ihrer Arbeitsweise zu machen, könnten lauten:

- Wie ist die Lohnstruktur des Unternehmens im Vergleich zu Konkurrenzunternehmen (sofern Vergleichsdaten vorliegen) beziehungsweise in Relation zum durchschnittlichen Lohnniveau in dieser Region?
- Wie steht es um die Ausbildungsqualifikation der Mitarbeiter?
- Wie ist die Situation auf dem Arbeitsmarkt? Herrscht ein Mangel an qualifizierten Arbeitnehmern oder ist vielleicht ein in dieser Region überdurchschnittlich hohes Arbeitslosigkeitsniveau festzustellen, das sich aus Unternehmersicht positiv auf das Gehaltsgefüge auswirkt?
- Wie erfolgt die Mitarbeiterrekrutierung? Versucht man, bereits Studienabgänger gegen Ende ihrer Ausbildung für das Unternehmen zu gewinnen, schaltet man Zeitungsannoncen oder wirbt man seine Mitarbeiter von der Konkurrenz ab?
- Werden die Mitarbeiter systematisch betreut und ist für ihre Weiterbildung gesorgt oder werden sie nach Eintritt in das Unternehmen ihrem Schicksal und dem Wohlwollen ihres jeweiligen Vorgesetzten überlassen?
- Werden periodische Mitarbeitergespräche geführt?

Technologie- und Informationsmanagement: In diesem Unternehmensbereich geht es um das Verwalten und Archivieren von Wissen und Daten. Der Fokus liegt hierbei auf der Bereitstellung von Informationen, der Konsistenz der Daten und deren flexiblen Auswertung. Der schnelle und flexible Datenzugriff sowie die automatisierte Analyse eingehender Daten bieten den Unternehmen heute die Möglichkeit einer frühzeitigen Erkennung von auftretenden Abweichungen (wie zum Beispiel der sich erhöhende Anteil von Ausschussware in der Produktion) und somit eine verbesserte Steuerungs- und Auswertungsmöglichkeit. Die Situation in diesem Bereich kann man folgendermaßen erfragen:

- Wird ein Standardsoftwarepaket wie beispielsweise SAP/R3 für alle Unternehmensbereiche verwendet, sodass ein ungestörter Informationsfluss gewährleistet ist, oder werden für die einzelnen Geschäftsbereiche selbst entwickelte Softwaresysteme verwendet und die Daten dann eventuell sogar noch per manuelle Eingabe vom einen zum anderen Bereich transferiert?
- Können elektronisch aufgegebene Kundenaufträge direkt weiterverarbeitet werden?
- Besteht die Möglichkeit der Effizienzsteigerung durch ein einheitliches Softwarepaket, bei dem vor- und nachgelagerte Unternehmen mit in die Automatisierung eingebunden werden?

Beschaffung von Produktionsfaktoren: Hierbei handelt es sich um die Kommunikation und Koordination zwischen dem Unternehmen und den Lieferanten der Produktionsfaktoren.

- Wie sieht das Preisniveau der Bezugswaren im Vergleich zum durchschnittlichen Marktpreis der Waren aus?
- Besteht die Möglichkeit der Reduzierung des Beschaffungspreises bei gleich bleibendem Qualitätsniveau?
- Wie sieht die Lieferantenstruktur aus? Gibt es nur einen Lieferanten, der die Preise kontrollieren kann, oder gibt es viele Anbieter?

- Besteht die Möglichkeit einer Kooperation mit einem anderen Unternehmen, das die gleichen Rohstoffe benötigt und mit dem man die Bestellung koordinieren kann, um so bessere Konditionen beim Lieferanten aushandeln zu können?

Wenn Sie die oben genannten Bereiche hinterfragt haben, erhalten Sie eine Übersicht über die interne Struktur des Unternehmens. Um nun eine Stärken-Schwächen-Analyse durchführen zu können, müssen Sie anschließend die Beziehungen des Unternehmens zu seiner Umwelt genauer untersuchen. Wie sieht das Umfeld aus, in dem der Kunde agiert? Hierzu werden die zuvor untersuchten Bereiche des zu beratenden Unternehmens mit denen der Wettbewerber verglichen. Die Vorgehensweise kann ebenfalls entlang der Wertschöpfungskette von Porter erfolgen.

Von besonderer Bedeutung sollten jetzt vor allem die Unterschiede der Unternehmen sein. Durch diese Betrachtung kann man Stärken und Schwächen der Teilbereiche des Kunden sowie der Konkurrenz auflisten. Parallel dazu lassen sich auch die Haupterfolgsfaktoren und die Misserfolgsfaktoren ausmachen. Durch eine objektive Darstellung des Geschäftssystems erhält man einen Überblick über das eigene Unternehmen und hat darüber hinaus mit der Stärken-Schwächen-Analyse im Vergleich zur Konkurrenz die Möglichkeit, die eigene Marktpositionierung zu ermitteln. Hieraus ergibt sich dann gegebenenfalls Handlungsbedarf in einzelnen Teilbereichen des Unternehmens, die sich im Marktvergleich als schwach herausgestellt haben.

8. Fallstudie: Kunden-Kosten-Analyse

Ein Hersteller qualitativ hochwertiger Zubehörteile für Kraftfahrzeuge des gehobeneren Standards und der Luxusklasse produziert in Deutschland für fast alle westeuropäischen Länder sowie für den nationalen Markt. Zwischen den Märkten unterscheiden sich die Produkte entsprechend der regionalen Vorlieben nur geringfügig. Der Vorstand vermutet, dass die komplexe Sortiments- und Kundenstruktur erhebliche Kostennachteile mit sich bringt. Ihre Unternehmensberatung wird beauftragt, eine Analyse durchzuführen und bei Bedarf Verbesserungsvorschläge zu unterbreiten. Welche Strategie würden Sie verfolgen?

➔ *Der Weg zur Lösung*

Zur Untersuchung der Sortiments- und Kundenstruktur eignet sich am besten die ABC-Analyse. Hierbei werden die Kunden beziehungsweise das Produktsortiment nach abnehmendem Umsatz sortiert.

Alle Kunden, die zu den ersten 80 Prozent des Bruttoumsatzes beitragen, bilden die Gruppe A. Die Kunden, die für die nächsten 15 Prozent des Bruttoumsatzes sorgen, bilden die Gruppe B. Der Rest, also fünf Prozent der Kunden fällt in Gruppe C. Auffällig hierbei ist, dass oftmals die Gruppe C mehr als 50 Prozent der Produktpalette umfasst. Hier muss nun überlegt werden, ob nicht ein Großteil der Fixkosten bei einem Wegfall der Gruppe C eingespart werden könnte.

Bei der Gegenüberstellung von Komplexitätskostentreibern und anteiligem Deckungsbeitragsvolumen stellt man in der Gruppe C häufig ein Missverhältnis fest. Konkret ist der Fixkostenblock der Gruppe C mit dem von ihr geleisteten Fixkostendeckungsbeitrag zu vergleichen. Sollte der Fixkostenblock größer als der Fixkostendeckungsbeitrag sein, so muss man überlegen, ob durch Preisaufschläge bei derartigen »Kleinstgeschäften« beziehungsweise Produktnischen, sofern die betreffenden Kunden dabei mitspielen, eine akzeptable Fixkostendeckung erreicht werden kann. Eine andere Möglichkeit wäre, in Absprache mit den Abnehmern auf ein Standardprodukt zurückzugreifen, bei dem der Deckungsbeitrag auf einem höheren Niveau liegt.

Auch könnte man sich aus diesem Markt gänzlich zurückziehen und sich nur noch auf die Kunden der Gruppe A und B konzentrieren. Allerdings muss man berücksichtigen, dass möglicherweise auch einige gute Kunden der Gruppe A Nischenprodukte ordern. Durch einen Produktionsstop würde man dann Gefahr laufen, diese insgesamt durchaus lukrativen Kunden an die Konkurrenz zu verlieren. Von daher sollte die Entscheidung eher auf den einzelnen Kunden, seine Abnahmemenge und seinen spezifischen Deckungsbeitrag bezogen werden, um so folgenschweren Fehlentscheidungen vorzubeugen.

9. Fallstudie: Technologieposition

Ein mittelständisches Unternehmen des produzierenden Gewerbes trägt sich mit Fusionsgedanken. Um sich über die eigene Situation am Markt zu informieren, beauftragt die Geschäftsführung Sie damit, die Technologieposition des Unternehmens zu bestimmen. Es wäre wünschenswert, wenn durch die Positionsbestimmung auch zu erfahren wäre, in welchen Unternehmensbereichen Verbesserungen durchgeführt werden können. Wie gehen Sie vor?

Zusatzinformation:
In dieser Fallstudie geht es um die technologische Positionierung des zu beratenden Unternehmens im Vergleich zu seinen Konkurrenten am Markt. Die Technologieposition ist ein äußerst wichtiger strategischer Faktor, der unbedingt bei der Bewertung der Gesamtwettbewerbssituation berücksichtigt werden muss. Sie kann sich durch zusätzliches Umsatzpotenzial (Produktinnovation), aber auch durch eine Verbesserung der Kostenfaktoren auf das Betriebsergebnis auswirken. Die Technologieposition wird auch als Produkt aus Wissen und Erfahrung beschrieben. Das Wissen bezieht sich auf Größen wie Rohstoffe, Patente, Forschung und Entwicklung sowie auf die Anwendbarkeit von Wissen. Die Erfahrung beinhaltet ebenfalls den Rohstoff, aber auch die Verfahrensweise bei der Produktion, das Produkt selbst sowie die Anwendungstechnik beziehungsweise den Anwendungsservice.

→ *Der Weg zur Lösung*

Um die Technologieposition eines Unternehmens zu bestimmen, bietet sich die SWOT-Analyse mit einer kleinen Änderung an. Man unterscheidet in diesem Fall nicht zwischen interner und externer Analyse, sondern betrachtet das relevante Unternehmen sofort im direkten Vergleich mit seinen Konkurrenten (Strengths und Weaknesses beziehungsweise Opportunities und Threats).

1. Strengths und Weaknesses:
Betrachtet werden die Bereiche Erfahrung und Wissen der zu beratenden Unternehmung im Vergleich zu den Konkurrenten.

Erfahrung:
- Wie hoch sind die Ausgaben für Rohstoffe?
- Wie hoch sind die Fertigungskosten pro Produkteinheit? Hier ist eine Bezugnahme auf die Lernkurve (Erfahrungskurve) möglich.
- Welche Anstrengungen zur Kostenreduktion wurden bisher unternommen?
- Wie flexibel kann das Unternehmen auf Verfahrensänderungen reagieren?
- Wie sehen die technischen Anlagen aus?
- Wie steht es um die Produktqualität?
- Wie groß ist die Produktpalette?
- Auf welchem Stand ist der technische Service?

Wissen:
- Wie sieht es mit der Qualität der Rohstoffe aus?
- Wie ist die Patentsituation? Ist man im Besitz von Schlüsselpatenten oder hat man Zugang zu diesen?
- Wie groß ist der Aufwand im Bereich Forschung und Entwicklung (bezüglich Finanzmittel, Mitarbeiterstab, technischer Ausstattung usw.)?
- Wie steht es um die Effizienz der Forschungs- und Entwicklungsabteilung?
- Wie qualifiziert sind die Mitarbeiter der Forschungsabteilung?
- Können die Forschungsergebnisse in der Produktion umgesetzt werden?

- Auf welchem Niveau steht das verfahrenstechnische Wissen?

Durch die Beantwortung dieses Fragenkatalogs kann man die technologische Position des Unternehmens im Vergleich zur Konkurrenz erkennen. Diese Betrachtung konzentriert sich allerdings nur auf die Vergangenheit und die Gegenwart des Unternehmens. Die Zukunft bleibt unberücksichtigt. Um jedoch ein Gesamtbild der Unternehmenssituation zu bekommen, müssen auch die Zukunftsaussichten mit einbezogen werden. Sie können sowohl Chancen als auch Gefahren in sich bergen.

2. Opportunities und Threats:
In einem zweiten Schritt werden die Bereiche Erfahrung und Wissen unter dem Aspekt der zukünftigen Entwicklung näher betrachtet.

Erfahrung:
- Wie wird sich der Rohstoffpreis entwickeln?
- Gibt es ein Kostenreduktionspotenzial?
- Ist es möglich, die Flexibilität zu erhöhen (nur, wenn dies Vorteile bringt, sonst ist dieser Punkt zu vernachlässigen)?
- Sind Investitionen in neue Produktionsanlagen geplant, mit denen eine höhere Kapazität mit geringeren Gesamtkosten bei identischer oder eventuell sogar höherer Qualität erreicht werden kann?
- Unabhängig von der zuvor gestellten Frage: Besteht ein Verbesserungspotenzial in Bezug auf die Produktqualität?
- Ist eine Veränderung (Erweiterung/Verringerung) der Produktpalette zu erwarten?
- Besteht noch Entwicklungspotenzial im Bereich des technischen Service oder der Anwendungstechnik?

Wissen:
- Wird die Rohstoffqualität zunehmen, gleich bleiben oder gar abnehmen?

- Ist eine Veränderung in der Patentsituation zu erwarten? Läuft beispielsweise demnächst ein Schlüsselpatent aus oder steht die Anmeldung eines Schlüsselpatents ins Haus?
- Wird der Lizenzsatz, sofern man in Lizenz produziert, gleich bleiben oder vielleicht steigen?
- Besteht die Möglichkeit, die Effizienz von Forschung und Entwicklung zu steigern?
- Ist die Verpflichtung von hoch qualifizierten Forschern in die Wege geleitet und darf man hieraus schließen, dass die Entwicklungsarbeit auf diesem Weg verbessert wird?
- Ist eine Veränderung des Forschungs- und Entwicklungsetats geplant? Wenn ja, mit welchem Ziel?
- Ist es möglich, die Zeit zwischen dem Erhalt erster Forschungsergebnisse und deren Anwendung/Umsetzung in der Praxis zu verkürzen?
- Besteht noch Entwicklungspotenzial im Hinblick auf verfahrenstechnisches Wissen?

Zwar kann niemand konkret die Zukunft vorhersagen, aber es ist möglich, das Unternehmen auf kommende Aufgaben vorzubereiten. Anhand des aufgestellten Fragenkatalogs lässt sich feststellen, ob ein Unternehmen auch in der Folgezeit in der Lage sein wird, seine Technologieposition zu halten oder eventuell sogar zu verbessern, oder ob es Gefahr läuft abzurutschen.

Es ist denkbar, dass ein Wettbewerber eine hervorragende Patent- oder Forschungsposition erreicht hat, die ihm im Marktvergleich eine gute Position im Bereich *Wissen* einbringt. Wenn er jedoch die Umsetzung durch keine oder zu geringe Investitionen verhindert, kann seine Kostenposition wegen mangelnder Produktionserfahrung durchaus auch unterdurchschnittlich sein.

Andererseits kann ein Konkurrent, der seine einmal erreichte Wissensposition um konstante Anlageninvestitionen ergänzt hat, eine sehr gute Kostensituation erreichen. Wenn er allerdings seine Position nicht durch weitergehende Forschungs- und Entwicklungsarbeit absichert, läuft er Gefahr, auf seinem technologischen Know-how stehen zu bleiben und eröffnet damit seinen Konkurrenten die Möglichkeit, ihn mit Produkt- und Verfahrensinnovationen von seiner Position zu verdrängen.

II. Expansion

10. Fallstudie: Kreditkartenexpansion

Die CashCompany ist der erfolgreiche Herausgeber der Kreditkarte »CC-Card«. Der Vorstandsvorsitzende erhielt bei seinem Dienstantritt eine Europakarte für seine Bürowand und setzt nun auf all die Länder Fähnchen, in denen CashCompany bereits aktiv ist. Nach knapp fünf Jahren sind alle Länder mit Fähnchen bestückt. Nach dieser erfolgreichen Eroberung lehnt sich der Chef in seinem Sessel zurück und will sich von nun an nicht mehr mit Expansion beschäftigen. Zu seinem fünfjährigen Dienstjubiläum erhält er von seinen Mitarbeitern eine Weltkarte und realisiert, dass es noch weitere Länder mit Kreditkarten zu versorgen gilt. Da er weiterhin wenig Arbeit haben möchte, beauftragt er Sie als Assistenten des Vorstands mit dem Grobentwurf für die Expansion nach OldFashion, einem Land, in dem es noch keine Kreditkarten gibt.

→ *Der Weg zur Lösung*

Für die Lösung dieser Fallstudie wird das 4C-Konzept als Basis verwendet.

Customers: Da es in OldFashion noch keine Kreditkarten gibt, müssen die Kunden zunächst über dieses Zahlungsverfahren informiert werden. Das heißt, die Funktionalität, die Abrechnungsweise und die Prozesse des Zahlungsverkehrs müssen erläutert werden. Der Begriff der Kunden wird hier weiter gefasst und schließt nicht nur die eigentlichen

Nutzer einer Kreditkarte – die Endverbraucher oder Käufer –, sondern auch den Handel und die Banken mit ein.

Endverbraucher: Die Endverbraucher sind diejenigen, die die Kreditkarte als Ersatz für Bargeld beim Einkauf verwenden. Für sie fällt höchstens eine monatliche oder jährliche Grundgebühr an. An den Kaufpreisen ändert sich durch den bargeldlosen Zahlungsverkehr nichts. Somit hat diese Kundengruppe bei der Anwendung der Karte nur Vorteile. Zum Anlocken der Kunden kann für Erstnutzer die Karte für eine gewisse Periode kostenfrei ausgegeben werden; ist die CC-Card etabliert, wird dann die in den anderen Ländern übliche Gebühr erhoben.

Banken: Wenn die CashCompany nicht als eigene Bank auftritt, muss mit lokalen Banken kooperiert werden. Die Banken sind nicht aktiv an den Transaktionen beteiligt, dennoch muss mit den Karten direkt oder über ein Zwischenkonto bei der CashCompany durch eine Einzugsberechtigung auf Konten zugegriffen werden. Als Einstieg bietet sich der Zahlungsverkehr über ein Zwischenkonto an, sodass die Banken bargeldlose Zahlungen wie normale Einzugsermächtigungen bearbeiten. Eine weitere Möglichkeit wäre, dass die Bank als Herausgeber der Karte fungiert, die jährliche Gebühr erhält und dafür die Administration übernimmt. So kann die CC-Card als zusätzliche Serviceleistung an die Kunden ausgegeben werden. Für die CashCompany ist dies organisatorisch eine einfache Variante.

Verkäufer: Mit der Akzeptanz beim Handel steht und fällt der Erfolg der CC-Card. Nur wenn die Karte in möglichst vielen Geschäften akzeptiert wird, werden die Endverbraucher die Karte auch verwenden. Jede Nutzung ist mit einer Einnahme für die CashCompany verbunden. Für die Verkäufer ist die Nutzung der Kreditkarte mit Kosten verbunden, da als Gebühr für die bargeldlose Bezahlung circa drei Prozent vom Kaufpreis abgezogen werden. Nur wenn viele Kunden die Wahl des Einkaufsorts vom Akzeptieren der

Kreditkarte abhängig machen, werden ausreichend Geschäfte die Zahlung dieser Gebühr ermöglichen.

Costs: Bei der Einführung der CC-Card im Markt von OldFashion entstehen verschiedene Kostenarten, von denen hier einige wesentliche genannt werden.

Technologie: Bisher gab es in OldFashion keine Kreditkarten. Falls auch keinerlei Karten anderer Art (zum Beispiel EC-Karten, Geldkarten) existieren, so wird in den Geschäften nicht die entsprechende Technik zur Durchführung der Transaktionen vorhanden sein. Bei der Einführung müssten dann solche Geräte (beispielsweise Verifones) installiert werden. Hierbei ist zu überlegen, wie die Kosten zu verteilen sind. Die Geschäfte haben keinen direkten finanziellen Vorteil von der bargeldlosen Zahlungsweise, sollten deshalb also auch nicht mit zusätzlichen Kosten belastet werden. Damit verbleiben die Installationskosten bei der CashCompany. Ein weiterer Kostenfaktor ist die Nutzung oder die Einrichtung von Geldautomaten. Falls die Funktionalität der CC-Card über die reine Zahlung hinausgehen soll, werden Geldautomaten benötigt. Dies ist allerdings nur sinnvoll, wenn Automaten anderer Anbieter mitbenutzt werden können (zum Beispiel in Kooperation mit Banken). Eigene Geldautomaten können später einmal errichtet werden, um ein umfassenderes Leistungsangebot zu ermöglichen.

Karten: Die Karten an sich müssen hergestellt werden. Die CashCompany ist bereits in anderen Ländern aktiv und stellt die CC-Card selbst her oder bezieht sie von einem Lieferanten. Eine Ausweitung auf ein anderes Land bedeutet in diesem Punkt nichts anderes als die Herstellung einer größeren Anzahl von Karten.

Administration: Falls die Administration nicht von einer Bank übernommen wird, muss die CashCompany die Transaktionen eigenständig verwalten. Hierfür sollte neben dem Verwaltungsapparat ein Callcenter bereitgestellt werden.

Dieses kann in OldFashion neu eingerichtet werden oder die Anrufe werden zu einem vorhandenen Callcenter mit ausreichender Kapazität in ein anderes Land weitergeschaltet. Allerdings muss die Kundenbetreuung in deren Landessprache erfolgen. Außerdem werden die Telefonkosten bei einem zentralen Callcenter in einem Drittland wesentlich höher sein als bei lokaler Ansiedlung.

Marketing: Die Einführung der CC-Card muss hinreichend bekannt gemacht werden. Das Informationsmaterial sollte in erster Linie aufklärenden Charakter haben, sodass den potenziellen Kunden jegliche Hemmungen genommen werden. Auch hier bietet sich die Kooperation mit einer Bank an. Denkbar wäre etwa eine Beratung bei der Hausbank über die CC-Card.

Capabilities: Die CashCompany muss sich der gegebenenfalls großen Anlaufkosten bewusst sein. In der Planung sollte ein Zeithorizont festgelegt werden, bis wann die Gewinnzone erreicht sein wird.

Technische Fähigkeiten: Da die CC-Card für die CashCompany kein neues Geschäftsfeld darstellt, sondern bereits sehr viel Erfahrung im Unternehmen besteht, werden die technischen Voraussetzungen kein Problem darstellen, sofern OldFashion ein Land mit akzeptabler technischer Infrastruktur ist, also ein umfassendes Telefonnetz existiert, das für die Datenübertragung verwendet werden kann.

Rechtliche Bedingungen: Vor einem Markteintritt müssen auch die rechtlichen Rahmenbedingungen geprüft werden. Dazu gehören steuerliche Fragen und wettbewerbsbestimmende Richtlinien.

Competition: Zu den Konkurrenzprodukten zählen grundsätzlich alle Formen von Zahlungsmitteln. Die CC-Card steht in direktem Wettbewerb mit Zahlungskarten anderer Art wie EC- oder Geldkarten. Damit zählen in erster Linie

Banken zu der Gruppe der Wettbewerber. Wie bereits erläutert, ist die Kooperation mit einer oder mehreren lokalen Banken in vielerlei Hinsicht wünschenswert. Die Vorteile der jeweiligen Zahlungsmittel für die einzelnen Kundengruppen (Käufer, Verkäufer, Banken) müssen untersucht werden und die Ergebnisse sollten in die Konzeption des Markteintritts eingearbeitet werden. Die CC-Card muss möglichst vielen beteiligten Interessengruppen (siehe Customers) einen spezifischen Zusatznutzen in Form einer besonderen Dienstleistung oder einer Gebührenersparnis bringen.

Die beschriebenen Überlegungen sind im nächsten Schritt für das Beispielland OldFashion zu konkretisieren. Weiterhin ist zu prüfen, wie die Erfahrungen der anderen Markteintritte (die CC-Card wurde über die letzten fünf Jahre in ganz Europa eingeführt) als Lessons Learned auf OldFashion übertragen werden können und somit zur Fehlervermeidung beitragen können. Möglicherweise gibt es doch Erfahrungswerte hinsichtlich der Akzeptanz der Karte nach Neueinführungen bei verschiedenen Kundengruppen. Anhaltspunkte lassen sich darüber hinaus durch allgemeine Umfragen oder die Bildung von Fokusgruppen in OldFashion selbst beschaffen.

11. Fallstudie: Energieunternehmen

Im Zuge des Zusammenwachsens der europäischen Staaten werden verschiedene nationale Monopole aufgehoben, um freien Wettbewerb auf den Märkten zu ermöglichen. Dazu gehört neben der Telekommunikationsbranche auch die Energiewirtschaft. Das große deutsche Energieunternehmen StromPlus will vor diesem Hintergrund die eigenen nationalen Aktivitäten ausdehnen und auch im europäischen Ausland einen Stromvertrieb aufbauen. Dazu sollen Pilotländer ausgewählt und eine entsprechende Marktanalyse durchgeführt werden.

→ *Der Weg zur Lösung*

Die Lösung erfolgt in zwei Phasen. Zunächst soll ein geeignetes Pilotland für den ersten Auslandsmarkteintritt gefunden werden, um in einem zweiten Schritt die Analyse des dortigen Marktes vorzubereiten.

Pilotlandsuche

Die Europäische Union besteht aus einer Vielzahl von Staaten mit sehr heterogenen Strukturen, beispielsweise bei demographischen Gegebenheiten wie Bevölkerungszahl, Bevölkerungsdichte, Altersstruktur, wirtschaftlichen Faktoren wie Durchschnittseinkommen, Arbeitslosenquote, Bruttosozialprodukt, Infrastruktur und Industriestärken und -schwächen sowie rechtlichen Faktoren, etwa Energiemonopol versus freier Markt, Vertriebsbedingungen und Umweltauflagen. StromPlus besitzt im eigenen Land eine starke Marktstellung und ist sehr erfolgreich. In bekannten und herkömmlichen Strukturen agiert das Unternehmen demnach souverän. Bei einem Markteintritt im europäischen Ausland kann StromPlus allerdings mit völlig anderen

Marktbedingungen konfrontiert werden. Deshalb ist es empfehlenswert, zunächst in ein Land zu expandieren, dessen rechtliche, demographische und wirtschaftliche Gegebenheiten dem Heimatland am nächsten kommen. Dabei ist auch zu untersuchen, ob das Zielland inländischen Anbietern Subventionen gewährt. Manche Subventionssysteme lassen unter bestimmten Voraussetzungen auch Unterstützung ausländischer Unternehmen zu (etwa bei Teilerzeugung des Stromes im Inland).

Für die folgende Analyse wurde EnergyLand als Pilotregion ausgewählt.

Analyse

Competition: Bei der Analyse muss zunächst untersucht werden, wie der Strommarkt in EnergyLand funktioniert. Dafür sollten unter anderem die folgenden Fragen beantwortet werden:

- Wie viele Unternehmen kämpfen um die Gunst der Kunden?
- Sind alle Wettbewerber Stromerzeuger oder sind auch reine Vertriebsunternehmen aktiv?
- Ist der Markt aufgeteilt (zum Beispiel regional)?
- Wie lässt sich der Markt segmentieren (zum Beispiel Groß- versus Kleinkunden)?
- Wie sind die Marktanteile unter den Anbietern verteilt?
- Welche Leistungen werden angeboten (Strom, Beratung, Software)?
- Welche ausländischen Unternehmen planen eventuell ebenfalls einen Markteintritt?
- Wie sind deren Bemühungen einzuschätzen und welche Markteintrittsstrategien werden aller Wahrscheinlichkeit nach verfolgt?
- Werden schon jetzt oder in näherer Zukunft Alternativenergien (Substitute) angeboten?

In einem vormals monopolistischen Markt sind die Abnehmer nicht gewöhnt, aus einer Vielzahl von Anbietern auszusuchen. Besteht in einem Land allerdings bereits eine Wettbewerbssituation, so wird es neuen Anbietern leichter fallen, die Kunden von einem Anbieterwechsel zu überzeugen.

Costs: Ein Markteintritt ist mit großen Kosten verbunden. Die Beantwortung folgender Fragen soll klären, in welchen Bereichen und in welcher Höhe Kosten anfallen werden:

- Welche Investitionen sind nötig (zum Beispiel Netzaufbau, Netzmiete, Stromtransport, Stromerzeugung, Vertriebsorganisation)? (Anmerkung: Diese Frage ist stark abhängig von der angebotenen Leistung. Für den Stromtransport muss ein eigenes Netz installiert oder entsprechende Leitungen müssen von etablierten Netzbetreibern gemietet werden. Die eigentliche Leistung, der Strom, kann aus Eigenerzeugung stammen oder wird von einem inländischen oder einem anderen ausländischen Erzeuger bezogen.)
- Welche Leistungen werden auf dem Markt zu welchen Preisen angeboten und was kostet es, ein entsprechendes oder gegebenenfalls überlegenes Leistungspaket anzubieten?
- Welche Kosten entstehen für das Bekanntmachen der eigenen Aktivitäten (Marketing)?

Customers: Letztlich muss StromPlus geeignete Kunden finden, um erfolgreich in den Markt einzutreten.

- Welches Abnahmepotenzial bietet der Markt?
- Gibt es irgendwelche Unregelmäßigkeiten (etwa saisonale Schwankungen)?
- Wie können Kundengruppen identifiziert werden?
- Welches Potenzial bieten Großkunden (Unternehmen), welches Kleinkunden (Privatleute)?
- Wie groß ist die Loyalität gegenüber herkömmlichen Anbietern?

- Welche Produkte fragen die Kunden nach?
- Wie groß sind die Switching-Costs oder Switching-Risks für die Kunden?

Je größer (gemessen an der Abnahmemenge) die Kunden sind, desto geringer ist die Komplexität der Versorgung. Deshalb ist es sinnvoll, sich zunächst auf Großkunden (Unternehmen) zu konzentrieren. Um detaillierte Informationen über deren Stromversorgung zu erhalten, können beispielsweise Gespräche mit Mitarbeitern geführt werden. In solchen Gesprächen kann man herausfinden, wie die Stromversorgung funktioniert, welche Leistungen nachgefragt werden und ob weitere Leistungen gewünscht werden. Darüber hinaus erfährt man etwas über die Loyalität gegenüber dem jeweiligen Versorger und kann auf die Wechselfreudigkeit und auch auf eine mögliche Loyalität dem eigenen Unternehmen gegenüber schließen. Als Anreiz für einen Versorgerwechsel kann StromPlus beispielsweise anbieten, die Wechselkosten (Switching-Costs) zu übernehmen.

Außerdem kann StromPlus versuchen, das Leistungsspektrum dem Bedarf entsprechend zu vergrößern und den Abnehmern mehr Service zu bieten. Die Versorgung kann somit über die reine Strombelieferung hinausgehen und Leistungen wie Beratung (etwa zur umweltfreundlichen Energienutzung und Nutzungsoptimierung) oder den Softwarevertrieb (beispielsweise Stromüberwachungssoftware) umfassen.

Es wird nicht leicht sein, Unternehmen davon zu überzeugen, plötzlich den Stromversorger zu wechseln. Besonders schwer wird die Überzeugungsarbeit in sehr energieabhängigen Branchen wie den Prozessindustrien (zum Beispiel Pharma- oder Chemiebranche) sein. Ein Unternehmen muss nicht unbedingt komplett zu StromPlus wechseln. Im Sinne der Risikodiversifizierung kann sich ein Kunde auch parallel von zwei Energieversorgern beliefern lassen. Falls ein Unternehmen zeitweise ausfällt, könnte dann ohne weiteres auf die Kapazität des anderen Lieferanten zurückgegriffen werden. Ein Anfang könnte mit den Auslandsniederlassungen heimischer Unternehmen gemacht werden, die die verlässliche Versorgung durch StromPlus am Heimatstandort kennen. Sind einmal namhafte Referenzkunden gewonnen, werden sicherlich weitere folgen.

Capabilities: StromPlus muss selbst in der Lage sein, die Expansion konsequent durchzuführen. Dazu müssen die entsprechenden finanziellen und technischen Fähigkeiten vorhanden sein.

- Hat StromPlus die finanziellen Rücklagen, um die Investitionskosten zu decken und eventuelle Anlaufverluste zu überstehen?
- Reichen die technischen Fähigkeiten aus, selbst erzeugten Strom in das Netz des Ziellands einzuspeisen oder vor Ort bezogenen Strom an die Kunden zu liefern?
- Hat StromPlus die Humankapazitäten, um die Expansion zu konzipieren und daraufhin zu implementieren?

Die Untersuchung der Pilotländer sollte im ersten Schritt ein Ranking möglicher Einstiegsländer zum Ergebnis haben. Anhand der tiefer gehenden Länderanalyse kann schließlich das Konzept für den Markteintritt entwickelt werden. Die Entscheidung über den Markteintritt hängt dann davon ab, welches Potenzial der Markt bietet, wie viel Prozent der Abnehmer voraussichtlich den Energieversorger wechseln würden und wie viele davon durch StromPlus als neue Kunden geworben werden könnten. Man sollte auch einen Zeithorizont erarbeiten, bis wann StromPlus im Zielland die Gewinnzone erreicht haben sollte. Ist ein Erfolg im gewählten Land unrealistisch, so muss für das zweite Land im Ranking entsprechend vorgegangen oder bestimmte Annahmen der Analyse hinterfragt werden.

12. Fallstudie: Einrichtungshaus

Ein europäisches Unternehmen, das seit vielen Jahren mit großem Erfolg in nahezu ganz Europa interessant gestaltete, einfache und preiswerte Einrichtungsgegenstände vertreibt, die zum Teil vom Kunden noch endmontiert werden müssen, strebte die Expansion auf den amerikanischen Markt an. Mit großer Zuversicht setzte man dieses Vorhaben um und nutzte dabei die Erfolg versprechende Vertriebsstrategie der europäischen Märkte.

Der Vertrieb erfolgt jetzt an vielen Standorten, die in der Regel außerhalb städtischer Ballungszentren liegen. Die Vertriebshallen zeichnen sich durch eine einfache Konzeption aus. Den Kunden stehen ausreichend Parkplätze zur Verfügung. Die Verkehrsanbindung ist ausgezeichnet. Zusätzlich werden Kunden Vergnügungsangebote wie Restaurants und Kinderbetreuung angeboten.

Das Unternehmen musste jedoch nach kurzer Zeit bereits feststellen, dass der Absatz auf dem amerikanischen Markt nicht annähernd den anvisierten Umfang erreicht. Welche Ursachen könnte diese negative Entwicklung haben?

→ *Der Weg zur Lösung*

Zur Bearbeitung dieser Aufgabenstellung können verschiedene Analysewerkzeuge sinnvoll genutzt werden. Der folgenden Lösungsvariante liegt die SWOT-Analyse zugrunde, die einen internen und einen externen Analysebereich beinhaltet. Aus den beiden Analysebereichen erhält der Betrachter einen Überblick über intern induzierte Stärken und Schwächen des Unternehmens sowie extern induzierte Möglichkeiten und Gefahren. Auf Grundlage der Ergebnisse können adäquate Maßnahmen entwickelt werden, die eigene wettbewerbliche Position zu verbessern.

Zunächst erfolgt die interne Analyse, die sich nicht nur auf Hard, sondern auch auf Soft Facts konzentriert:

Strengths (Stärken): Die Produkte des Unternehmens zeichnen sich durch ein besonderes Design aus. Aufgrund des großen Erfolgs auf den europäischen Märkten kann man davon ausgehen, dass das Unternehmen mit seinen Produkten den Modetrend trifft oder diesen sogar bestimmt.

Die Einfachheit vieler Produkte lässt darauf schließen, dass die Produktion kein komplexer und aufwendiger Vorgang ist. Da die Kunden bei einer Vielzahl der Einrichtungsgegenstände den Hauptteil der Montage selbst vornehmen, entfallen einige Schritte der Leistungserstellung. Des Weiteren werden sicherlich, soweit es möglich ist, einfache und günstige Materialien in der Produktion eingesetzt, um eine preiswerte Herstellung zu realisieren. Auch kann aufgrund des europaweiten Vertriebs auf einen hohen Absatz geschlossen werden; durch diesen werden bei der Leistungserstellung Economies of Scale realisiert.

Weaknesses (Schwächen): Einige zentrale Schwächen sind denkbar: Dazu zählt zum Beispiel der Vertrieb. So sind amerikanische Kunden im Gegensatz zu europäischen an einen höheren Servicestandard gewöhnt und setzen diesen sogar als gegeben voraus. Warteschlangen an Kassen oder zu wenig Verkaufspersonal stoßen vielfach auf Ablehnung. Passt sich das Unternehmen diesen Anforderungen nicht an, kann dies zu geringeren Umsätzen führen. Findet diese Anpassung statt, so steigen mit dem Servicestandard aber auch die Vertriebskosten. Ergänzend ist es auch denkbar, dass es zu langen Transportwegen und -zeiten und in der Folge auch zu hohen Transportkosten kommt, falls die Produkte nicht in den USA hergestellt werden, sondern etwa in Europa.

Eine weitere große Schwäche könnte in der Preispolitik des Unternehmens liegen. Durch die relativ starke amerikanische Währung hat der Wechselkurs einen negativen Einfluss auf die Preise der angebotenen Produkte. Ohne eine explizite Anpassung an das örtliche Marktpreisniveau entschwindet so unter Umständen der Preisvorteil, der auf den europäischen Märkten hingegen realisiert werden kann.

Eine andere mögliche Schwäche kann in der angebotenen Produktpalette begründet sein, sofern das Leistungsspektrum nicht oder unzureichend an die amerikanischen Bedürfnisse angepasst wurde. So entsprechen einige der europäischen Einrichtungsgegenstände sicherlich oftmals nicht dem amerikanischen Geschmack; europäische Gläser beispielsweise werden von Amerikanern als viel zu klein empfunden.

Falls die Produktion der Einrichtungsgegenstände nicht in Amerika erfolgt, kann dies auch zu Problemen im Absatz, basierend auf einer unzureichenden Akzeptanz durch die amerikanische Kundschaft, führen. Amerikanern, denen man vielfach eine patriotische Einstellung nachsagt, können sich möglicherweise nur wenig mit den auf dem europäischen Markt hergestellten Produkten identifizieren.

Threats (Gefahren): Dem Unternehmen droht, dass es im Fall der Fortführung seiner Strategie auch weiterhin nicht profitabel arbeiten wird. Die vielen denkbaren negativen Faktoren und Entwicklungen werden sich voraussichtlich nicht automatisch zum Guten wenden. Es ist im Gegensatz sogar denkbar, dass sich der negative Trend, zum Beispiel durch einen weiteren Anstieg des Dollarkurses gegenüber der europäischen Währung, noch verstärkt.

Eine weitere Verschlechterung der Markt- und Absatzsituation droht außerdem, wenn sich andere Wettbewerber positive Aspekte der Unternehmensstrategie zunutze machen.

Im Fall einer weiterhin negativen Entwicklung wird sich die Entscheidung, den amerikanischen Markt mit einer europäischen Strategie zu penetrieren, sicherlich als kostenintensiv erweisen. Je länger das Management zögert, Maßnahmen zu ergreifen, desto höher werden die Aufwendungen sein.

Opportunities (Möglichkeiten): Dem Management bietet sich eine Vielzahl von Angriffspunkten und Maßnahmen zur Verbesserung der Situation. So kann beispielsweise die in Europa sehr erfolgreiche Grundstrategie beibehalten werden, wobei einige Anpassungen – sofern nicht bereits im Vorfeld erfolgt – an die Erfordernisse des amerikanischen Markts dringend erforderlich sein werden; Teile der Produktpalette können beispielsweise den Kundenbedürfnissen angepasst werden. Darüber hinaus sollte – sofern nicht bereits geschehen – die Produktion einiger Möbelstücke in den USA in Betracht gezogen werden. Durch die Produktion in Amerika würden einerseits lange Transportwege und -zeiten entfallen; andererseits ist eine intensivere Identifikation der Kunden mit den angebotenen Waren denkbar. Das Unternehmen sollte auf jeden Fall versuchen, den Preisvorteil gegenüber der Konkurrenz, der in Europa ein ausschlaggebendes Kaufkriterium ist, auch auf dem amerikanischen Markt zu realisieren.

Im Ernstfall ist nach Betrachtung der Marktsituation eventuell sogar der sofortige Ausstieg aus dem amerikanischen Markt eine weitere Möglichkeit, um auf die Entwicklung zu reagieren.

13. Fallstudie: Fastfood

Nach einem grundlegenden politischen Richtungswechsel öffnet sich ein osteuropäischer Markt für westliche Unternehmen. Der neue Markt wird von einem weltweit bekannten Unternehmen der Fastfood-Branche im Zuge der weltweiten Expansionsaktivitäten anvisiert. Das Vorhaben wird gestützt durch eine kurzfristig erstellte Marktuntersuchung, die zu einem positiven Ergebnis kommt und die Expansionspläne in diesen Markt aus wettbewerbspolitischen Gesichtspunkten befürwortet.

Ihre Aufgabe als Unternehmensberater besteht nun in der Analyse der Aspekte, die im direkten Zusammenhang mit der Leistungserstellung relevant sind.

→ *Der Weg zur Lösung*

In dieser Aufgabe stehen vor allem interne Aspekte der Leistungserstellung im Blickpunkt, wobei auch externe Einflussfaktoren und deren Auswirkungen betrachtet werden müssen. Die beispielhafte Bearbeitung dieser Aufgabenstellung erfolgt mit Hilfe des Analysewerkzeugs der Wertschöpfungskette. Diese betrachtet auf strukturierte Weise die im Zusammenhang mit der betrieblichen Leistungserstellung anfallenden Aktivitäten. Dabei wird zwischen primären und sekundären Aktivitäten unterschieden.

Im Folgenden werden zunächst die fünf primären Aktivitätsbereiche der Wertschöpfungskette betrachtet. Die angesprochenen Aspekte stellen sicherlich nicht die Gesamtheit der relevanten Gesichtspunkte dar. Es geht vielmehr um einen ersten Einblick in die jeweiligen Aktivitätsbereiche und deren Spezifika.

Eingangslogistik: Die Eingangslogistik des Fastfood-Unternehmens besteht aus verschiedenen Aktivitätsbereichen. Dazu zählt zunächst der Eingang und die Kontrolle der betrieblichen Produktionsfaktoren, die teilweise vom lokalen Markt bezogen, zu einem anderen Teil importiert werden. Erwartungsgemäß ist vor allem zu Beginn des Vorhabens mit Schwankungen des Qualitätsniveaus der inländisch bezogenen Produktionsfaktoren zu rechnen. Zur Sicherung der unternehmensweiten Qualitätsstandards muss deshalb sicherlich die Kontrolle der eingehenden Produktionsfaktoren intensiviert werden. Für die Lagerung der Lebensmittel – als primäre Produktionsfaktoren – können bereits erfolgreich eingesetzte Kühlraumsysteme genutzt werden.

Produktion: Die Produktion der Leistungen, in diesem Fall die Zubereitung der Lebensmittel, kann durch die Installation der standardisierten Betriebsmittel in vergleichbarer Weise wie an Standorten anderer Märkte erfolgen. Falls die Aufnahme der Produktion mit inländischen Mitarbeitern erfolgt, sollte zur Sicherung der unternehmensweiten Qualitätsstandards zumindest in der Startphase die Qualitätsprüfung besondere Beachtung finden. Die Wartung der Betriebsmittel kann entweder durch neu ausgebildete oder entsandte Mitarbeiter erfolgen.

Ausgangslogistik: Da das Fastfood-Unternehmen kein klassisches Produktionsunternehmen darstellt, kann der Bereich Ausgangslogistik hier vernachlässigt werden. Die Produktion der Waren richtet sich nach dem aktuellen Bedarf, sodass keine Lagerung erfolgt. Die Schnittstelle zu den Kunden befindet sich in eigenen Räumlichkeiten und bedarf keiner ausgeklügelten Transportkanäle.

Vertrieb und Marketing: Aus der Analyse des Marktes geht eine zu erwartend hohe Nachfrage der anvisierten Kundschaft hervor. Dies ist zunächst durch den weltweit bekannten Markennamen und den Nachholbedarf der Verbraucher in diesem Segment begründet – ein »First-Mover«-Vorteil kann realisiert werden.

Zur effektiven Gestaltung der Marketingaktivitäten stehen dem Unternehmen vielfältige visuelle und auditive Werbemedien (Fernsehen, Zeitungen und Rundfunk) zur Verfügung. Ergänzende Marketingkanäle wie Plakatwände, die in westlichen Märkten extensiv genutzt werden, müssten im Bedarfsfall neu aufgebaut werden. Eine wichtige Rolle im Vertrieb der Produkte spielt das marktbezogene Pricing. Die Leistungspalette muss, bedingt durch die enorme Nachfrage, nicht zwangsläufig beim Markteinstieg preislich an das Niveau des Marktes angepasst werden. Dies kann möglicherweise zu einem späteren Zeitpunkt erfolgen.

Service: Serviceaktivitäten folgen im Anschluss an den Verkauf und stellen keinen erfolgskritischen Schwerpunkt dieses Unternehmens dar.

Für den Bereich der sekundären Aktivitäten ergeben sich folgende Überlegungen:

Generalmanagement: Das Generalmanagement umfasst Aktivitäten wie die Festlegung strategischer Unternehmensziele und die Verteilung betrieblicher Ressourcen. Dabei wird das Management der geplanten Niederlassungen dem unternehmensübergreifenden Management angepasst. Zum Einsatz können bereits vorhandene eigene sowie örtlich rekrutierte Manager kommen, wobei die letztere Gruppe im Vorfeld intensiv geschult werden muss. Eine Mischung aus lokalen und unternehmensintern erfahrenen Managern würde sich sicherlich als vorteilhaft erweisen.

Personalmanagement: Im Personalmanagement wird zunächst der Bedarf an Mitarbeitern ermittelt. Durch die Übernahme der marktübergreifend eingesetzten Prozesse zur betrieblichen Leistungserstellung kann der Bedarf in qualitativer und quantitativer Form im Vorfeld relativ genau ermittelt werden.

Die Personalbeschaffung stellt kein besonderes Problemfeld dar, weil der Arbeitsmarkt eine hohe Arbeitslosigkeit aufweist. Allerdings geht mit der Beschaffung auch die Entwicklung der Arbeitskräfte einher. Die Mitarbeiter müssen auf Firmenkosten im Vorfeld des Einsatzes ausgebildet werden. In den Ausbildungsprogrammen ist auch der Transfer neuer Mitarbeiter in andere Landesfilialen zur Erlangung von Kenntnissen der dortigen Arbeitsweisen und zur Anpassung an die marktübergreifende Unternehmenskultur zu berücksichtigen.

Die Entlohnung kann sich am marktüblichen Niveau orientieren. Darüber hinaus ist die Freisetzung von Mitarbeitern, bedingt durch kaum vorhandene Gesetze zur Unterstützung der Arbeitnehmer, relativ unproblematisch.

Technologie- und Informationsmanagement: Das Technologie- und Informationsmanagement umfasst Aktivitäten zum Aufbau einer Informationsinfrastruktur. Dies schließt den inter- und intraorganisatorischen Transfer von Informationen mit ein. Problematisch gestaltet sich die Anbindung der neuen Dependancen an das marktübergreifende Unternehmensnetz, da in dem osteuropäischen Land die technologische Infrastruktur nicht dem Standard westlicher Nationen entspricht. Der Einsatz kostenintensiver Technologien ist damit unumgänglich. Unternehmensübergreifende Kommunikation muss in der Landessprache erfolgen. Dies hat weit reichende Konsequenzen. So ist es beispielsweise dringend erforderlich, dass Informationen für Kunden in die entsprechende Sprache übersetzt werden.

Beschaffung von Produktionsfaktoren: Die Beschaffung von Produktionsfaktoren ist der letzte sekundäre Aktivitätsbereich der Wertschöpfungskette. Dieser umfasst Aktivitäten, die im Zusammenhang mit der Kommunikation und Koordination zwischen dem Unternehmen und seinen Lieferanten erforderlich sind. Gerade dieser Bereich birgt eine Vielzahl großer Probleme, die im Vorfeld gelöst werden müssen.

Dazu zählt die Problematik des zu sichernden Qualitätsstandards. Da mit einem nicht ausreichenden Qualitätsniveau der im Markt angebotenen Produkte zu rechnen ist, müssen einige der Zutaten importiert werden. Die Einfuhr von Lebensmitteln wird in osteuropäischen Ländern aber durch die örtliche Gesetzgebung und Bürokratie in besonderer Weise behindert. Darüber hinaus ist der Transport kosten- und zeitintensiv. Weiterhin problematisch kann es sein, dass einige elementare Komponenten, die zur Erstellung der betrieblichen Leistung erforderlich sind, im Markt überhaupt nicht verfügbar sind.

In jedem Fall sollte versucht werden, den Import so weit wie möglich zu minimieren. Dies funktioniert nur im Zusammenhang mit Aktivitäten, die die inländische Produktion entsprechend fördern. Dazu können spezielle Programme zur Ausbildung und Förderung von kooperierenden Produzenten entwickelt werden. Auf diese Weise lässt sich die benötigte Infrastruktur für Produktionsfaktoren entwickeln.

14. Fallstudie: Golfbälle in Deutschland

Ein amerikanischer Hersteller für Golfbälle denkt über eine weltweite Expansion seiner Aktivitäten nach. Durch den Kauf einer modernen Produktionsstraße sind Kapazitäten zur Fertigung von 20 Millionen Golfbällen pro Jahr verfügbar. Das amerikanische Unternehmen verfolgt in zahlreichen seiner Märkte das strategische Ziel der Kostenführerschaft. Aufgrund der Erfahrung auf anderen europäischen Märkten rechnet der CEO auf dem deutschen Markt mit einem maximal erzielbaren Marktanteil von 30 Prozent, sofern die Kostenführerschaft realisiert werden kann.

Als Unternehmensberater werden Sie vom CEO dieses Unternehmens beauftragt, das Marktvolumen des deutschen Marktes zu erkunden. Außerdem sollen Sie weitere grundsätzliche Überlegungen zu einem Markteintritt anstellen.

→ *Der Weg zur Lösung*

In einem ersten Schritt sollte das monetäre Volumen des deutschen Marktes für Golfbälle pro Jahr ermittelt werden. Als Ansätze können verschiedene Hypothesen genutzt werden. Ausgangspunkt für die folgenden Ausführungen ist die Gesamtzahl von 80 Millionen Einwohnern in Deutschland.

Zur Vereinfachung wird die Gesamtbevölkerung in drei Altersgruppen gegliedert. Der ersten Gruppe gehören alle Menschen bis zum Alter von 15 Jahren an, der zweiten Gruppe alle Menschen ab dem 70. Lebensjahr und in der dritten Gruppe werden alle übrigen Menschen zusammengefasst. Während davon ausgegangen werden kann, dass die beiden ersten Gruppen nicht Golf spielen, befinden sich in der dritten Gruppe aktive Golfspieler. Gruppe eins wird auf 20 Millionen (25 Prozent der Bevölkerung), Gruppe zwei auf 25 Millionen (31,25 Prozent der Bevölkerung) und Gruppe drei auf 35 Millionen (43,75 Prozent der Bevölkerung) Personen geschätzt.

Die dritte Gruppe wird aufgrund der sozialen Schicht, der die Personen angehören, differenziert. Wiederum erfolgt eine Einteilung in eine untere, mittlere sowie obere soziale Schicht. Es wird davon ausgegangen, dass der unteren sozialen Schicht 35 Prozent (35 000 000 x 0,35 = 12 250 000), der mittleren sozialen Schicht 45 Prozent (35 000 000 x 0,45 = 15 750 000) sowie der oberen sozialen Schicht 20 Prozent (35 000 000 x 0,20 = 7 000 000) angehören.

Im nächsten Schritt wird der Anteil der aktiven Golfspieler je Gruppe geschätzt. Dabei nimmt man bei der weiteren Kalkulation an, dass in der unteren sozialen Schicht aufgrund der finanziellen Verhältnisse niemand, in der mittleren sozialen Schicht fünf Prozent (15 750 000 x 0,05 = 787 500) sowie in der oberen sozialen Schicht zehn Prozent (7 000 000 x 0,1 = 700 000) Golf spielen. Es gibt also 1 487 500 aktive Golfer in Deutschland.

Des Weiteren kann man die Golfspieler nach der Anzahl ihrer Einsätze pro Jahr einteilen. Wiederum erfolgt eine Einteilung in drei Gruppen. In Gruppe A sind Personen, die sehr häufig Golf spielen (20 Prozent = 297 500), in Gruppe B wird durchschnittlich oft (50 Prozent = 743 750) und in der Gruppe C selten Golf gespielt (30 Prozent = 446 250).

Nimmt man im Folgenden an, dass die Personen der Gruppe A 50 Einsätze pro Jahr, die Personen der Gruppe B 20 Einsätze pro Jahr und die der Gruppe C zehn Einsätze pro Jahr aufweisen, ergeben sich insgesamt 34 212 500 Einsätze pro Jahr. Diese errechnen sich aus der Einsatzhäufigkeit von Gruppe A (14 875 000 = 297 500 x 50), von Gruppe B (14 875 000 = 743 750 x 20) sowie von Gruppe C (4 462 500 = 446 250 x 10).

In einem weiteren Schritt kann der Bedarf von Golfbällen für die einzelnen Gruppen sowie für alle Golfspieler kalkuliert werden. Geht man bei der Gruppe A von einem Verbrauch von drei Golfbällen durch Verschleiß und Verlust aus, der durch den Fund von zwei Golfbällen teilweise kompensiert wird, ergibt sich ein Gesamtverbrauch von einem Golfball. Multipliziert man diesen Verbrauchswert mit der Anzahl an Einsätzen dieser Gruppe ergibt sich ein Gesamtverbrauch von 14 875 000 (= 14 875 000 x 1) Golfbällen pro Jahr. Geht man davon aus, dass die Spieler der Gruppe B zwei Golfbälle (= 6 – 4) sowie die der Gruppe C vier Golfbälle (= 10 – 6) je Einsatz brauchen, ergibt sich ein Gesamtverbrauch von 29 750 000 (= 14 875 000 x 2) Golfbällen pro Jahr für die Gruppe B und 17 850 000 (= 4 462 500 x 4) Golfbälle für die Gruppe C. Insgesamt verbrauchen die aktiven deutschen Golfspieler 62 475 000 Bälle pro Jahr.

Das jährliche Volumen des deutschen Marktes für Golfbälle ergibt sich aus der Multiplikation des Gesamtverbrauchs mit dem durchschnittlichen Nettopreis eines Golfballs. Legt man einen durchschnittlichen Preis von 1,50 Mark zugrunde, führt dies zu einem Marktvolumen von 93 712 500 (= 62 475 000 x 1,5) Mark.

Bei diesem Lösungsweg wurde auf relevante Aspekte verzichtet, um die Kalkulation in Grenzen zu halten. So wurden unter anderem ausländische Golfspieler sowie die Erstausstattung von Einsteigern nicht berücksichtigt.

Grundsätzlich existieren alternative Wege, um das Marktvolumen auf pragmatische Weise zu kalkulieren. So ist es beispielsweise möglich, das Marktvolumen anhand der Golfplätze sowie deren saisonal abhängiger Auslastung zu kalkulieren.

Aus der Aufgabenstellung geht hervor, dass der amerikanische Hersteller von Golfbällen die Kostenführerschaft im Falle einer Penetration des deutschen Marktes anstreben würde. Realisierbar sind seiner Erfahrung zufolge 30 Prozent des Marktvolumens. Dies entspricht einem erzielbaren Marktvolumen von 28 113 750 (= 93 712 500 x 0,3) Mark.

Die interne Restriktion eines maximal möglichen Produktionsvolumens von 20 Millionen Golfbällen pro Jahr führt zu keiner Begrenzung des realisierbaren Marktvolumens, das auf einer Produktion von 18 742 500 (= 62 475 000 x 0,3) Golfbällen pro Jahr basiert.

Legt man eine anvisierte Rendite von 15 Prozent zugunde, sollte die Produktion inklusive aller Nebenkosten wie Vertrieb, Service, Marketing und Overhead-Kosten maximal 24 446 739 Mark betragen. Die Gesamtrendite würde in diesem Fall 3 667 011 Mark pro Jahr betragen. Nun kann abhängig von weiteren strategischen Optionen wie der Penetration anderer Märkte sowie interner und externer Restriktionen über tiefergehende Analysen dieser strategischen Handlungsmöglichkeit entschieden werden.

III. Finanzfälle

15. Fallstudie: Ölscheich (Immobilien)

Ein Ölscheich aus Goldland möchte sein Taschengeld von vier Milliarden Mark Gewinn bringend anlegen. Da sich in seinem Harem mehrere deutsche Frauen befinden, ist er auf deren Anraten an Eigentumswohnungen in Deutschland interessiert. Deshalb beauftragt er die ImmoConsult (Ähnlichkeiten des Namens zu einem existierenden Unternehmen sind unbeabsichtigt) mit der Untersuchung, ob und wie er sein Geld am besten investieren kann. Sie sind Juniorberater bei der ImmoConsult und sollen kurz die Grundpfeiler einer entsprechenden Analyse erarbeiten.

→ *Der Weg zur Lösung*

Der Wohnungsmarkt in Deutschland ist zwar recht stabil, aber relativ unrentabel. Entscheidend für die Rentabilität einer solchen Investition sind demographische Faktoren sowie die Kauf- und Mietpreise.

Demographische Faktoren: Die gekauften Wohnungen sollen nicht leer stehen, sondern zu einem bestimmten Preis vermietet werden. So muss zunächst das bereits bestehende Angebot an Mietwohnungen und die entsprechende Nachfrage für einzelne Regionen untersucht werden. Kennziffern für die Nachfrage und die Liquidität der Mieter sind zum Beispiel Einwohnerzahlen, Durchschnittseinkommen, Arbeitslosenzahlen und das Bruttosozialprodukt. Veränderungen dieser Zahlen während der letzten Jahre geben Aufschluss über die Entwicklung der Region. Weitere Indizien für die zukünftige Entwicklung sind die bestehende Infrastruktur und geplante Investitionen in diese. Über die genannten Kennziffern können Regionen ausfindig gemacht werden, die aus demographischen Gesichtspunkten für eine Investition interessant sind.

Je verstreuter die Wohnobjekte liegen, desto größer ist der Verwaltungsaufwand. Deshalb ist es sinnvoll, relativ viele Wohnungen regional zu bündeln oder sogar eine größere Anzahl von Wohnungen in einigen wenigen Baukomplexen zu erwerben. Dies ist in ländlichen Gegenden aller Wahrscheinlichkeit nach nicht möglich, weshalb sich ein Großteil der Wohnungen in Stadtgebieten oder dem direkten Umland von Städten befinden wird.

Kaufpreise: Bei den Kaufpreisen für Wohnungen muss zunächst zwischen Alt- und Neubauten unterschieden werden. Grob geschätzt kostet ein Quadratmeter in einem Altbau durchschnittlich zwischen 1000 und 1500 Mark, während bei einem Neubau mit 3000 bis 4000 Mark pro Quadratmeter gerechnet werden muss. Bei Altbauwohnungen müssen etwa 20 Prozent der Mieteinnahmen für Renovierungskosten ausgegeben werden, bei Neubauwohnungen fallen lediglich etwa zehn Prozent an.

Mietpreise: Die Mietpreise sind ebenso wie die Kaufpreise stark vom Standard der jeweiligen Region abhängig. In der vorliegenden Fallstudie soll von sieben bis 15 Mark Mieteinnahmen pro Quadratmeter Wohnfläche ausgegangen werden.

Im Folgenden werden die möglichen Mieteinnahmen den anfallenden Kosten gegenübergestellt. Dem Immobilienspezialisten mag das Vorgehen hier zu ungenau sein, jedoch sollen im Rahmen einer Fallstudie die Analysemethode und das strukturierte Denken des Interviewten getestet werden und nicht das Fachwissen bezüglich Immobilieninvestitionen. Beim Kauf von Wohneigentum fällt zusätzlich für jede Wohnung in Abhängigkeit von der Wohnfläche die Grunderwerbssteuer an, die in diesem Fall nicht weiter berücksichtigt werden soll.

Einnahmen: Der Scheich hat vier Milliarden Mark zur Verfügung. Bei einem durchschnittlichen Quadratmeterpreis von 2000 Mark pro Quadratmeter kann er sich also zwei Millionen Quadratmeter Wohnfläche kaufen. Bei einer durchschnittlichen Wohnfläche von 100 Quadratmeter pro Wohnung ergibt dies 20 000 Wohnungen. Die zwei Millionen Quadratmeter werden zu einem durchschnittlichen Preis von zehn Mark pro Quadratmeter (zwischen Alt- und Neubauwohnungen wird nicht unterschieden) pro Monat vermietet, woraus sich pro Jahr 240 Millionen Mark Mieteinnahmen ergeben.

Renovierungskosten: Wenn die Mieteinnahmen jeweils zur Hälfte von Alt- und Neubauwohnungen stammen, fallen jährlich 36 Millionen Mark für Renovierungen an. Diese setzen sich aus 24 Millionen Mark von Altbauten (120 Millionen Mark Einnahmen und 20 Prozent Kosten) und zwölf Millionen Mark von Neubauten (120 Millionen Mark Einnahmen und zehn Prozent Kosten) zusammen.

Verwaltungskosten: Die Wohnungen müssen verwaltet werden, ein Hausmeister muss sich um kleine Reparaturen kümmern. Ein entsprechender Mitarbeiter kostet etwa 100 000 Mark pro Jahr und kann ungefähr 200 Wohnungen betreuen. Bei 20 000 Wohnungen werden also 100 Hausmeister benötigt, wodurch etwa zehn Millionen Mark Lohn- und Verwaltungskosten entstehen (100 Angestellte x 100 000 Mark Lohn pro Jahr).

Abschreibungskosten: Immobilien werden normalerweise über 50 Jahre abgeschrieben, sodass sich bei dieser Investition 80 Millionen Mark Abschreibungskosten ergeben (vier Milliarden Mark auf 50 Jahre).

Steuern: Der Ölscheich aus Goldland investiert in Deutschland und somit in einem für ihn fremden Land. Sollte zwischen Goldland und Deutschland ein entsprechendes Abkommen bestehen, dann muss der Scheich die Mieteinnahmen nicht in Deutschland versteuern, sondern kann sie im Heimatland angeben. Dies ist für ein so kleines Land wie Goldland allerdings recht unwahrscheinlich, sodass der Scheich sein in Deutschland erwirtschaftetes Einkommen auch dort versteuern muss. Von den Mieteinnahmen bleiben nach Abzug der angegebenen Kosten noch 114 Millionen Mark übrig. Bei einer solch enormen Einnahme greift der Höchststeuersatz, der hier vereinfacht mit 50 Prozent angenommen wird, sodass der Scheich Steuern in Höhe von 57 Millionen Mark an den Fiskus abführen muss.

4 000 000 000 DM	Investitionssumme
2 000 000 qm	Gekaufte Quadratmeter bei Preis von 2000 DM pro qm
20 000 Wohnungen	Anzahl der Wohnungen mit durchschnittlich 100 qm
240 000 000 DM	**Jährliche Mieteinnahmen**
36 000 000 DM	Renovierungskosten
10 000 000 DM	Arbeitslohn und Verwaltungskosten
80 000 000 DM	Abschreibungen, 4 Mrd. über 50 Jahre
114 000 000 DM	**Einnahmeüberschuss**
57 000 000 DM	Steuer bei Satz von 50 %
= **57 000 000 DM**	**Gewinn**
≅ **1,4 %**	**Rendite (57 Mio. DM : 4 Mrd. DM)**

Alles in allem bleiben dem Scheich also 57 Millionen Mark Gewinn aus der Investition von vier Milliarden Mark. Dies entspricht einer Rendite von rund 1,4 Prozent. Da stellt sich die Frage, ob man sein Geld nicht rentabler und dennoch relativ sicher anlegen kann.

16. Fallstudie: Sportmannschaft versus Rock-Events

Sie sind Berater eines Investors und bekommen den Auftrag, folgendes Investment zu evaluieren: Der Investor hat eine Mannschaft der zweiten Fußball-Bundesliga samt Stadion und Parkhaus erworben. Ihr Auftrag besteht darin zu evaluieren, welche der im Folgenden beschriebenen Verwendungsmöglichkeiten für die Fußballmannschaft und die Stadionanlage Gewinn bringender für den Investor ist.

Einerseits bietet es sich an, den Spielbetrieb aufrechtzuerhalten. Gehen Sie davon aus, dass dabei die Kosten für den laufenden Spielbetrieb für ein Jahr durch Sponsoren- und Vermarktungsgelder sowie die Einnahmen aus dem Catering gedeckt sind. Das Stadion hat eine Sitzkapazität von 45 000 Plätzen, während das angeschlossene Parkhaus eine Kapazität von 10 000 Stellplätzen hat.

Andererseits bietet ein Rockkonzert-Veranstalter einen Vertrag an, das Stadion für jährlich drei große Konzerte mit Top Acts zu nutzen. Gehen Sie davon aus, dass die Kosten für den Konzertveranstalter, die Stars sowie der Unterhalt der Anlage ebenfalls durch Sponsoren- und Vermarktungsgelder sowie den Einnahmen aus dem Catering gedeckt sind, wobei sämtliche sonstige Einnahmen (zum Beispiel Eintrittsgelder) dem Investor zufließen würden.

Der Investor ist sowohl Fußballfan als auch Musikliebhaber und deshalb unentschieden bezüglich der Verwendung der Anlage. Welche Verwendungsart empfehlen Sie angesichts der gegebenen Voraussetzungen? Gibt es weitere Möglichkeiten?

→ Der Weg zur Lösung

Da keine Investitionssumme erwähnt wird, ist es nicht möglich, die Renditen der Verwendungsmöglichkeiten in Prozent zu vergleichen. Es werden die jährlichen Einnahmen aus dem Spielbetrieb beziehungsweise den Rockkonzerten verglichen.

Bei Unterhalt des Spielbetriebs in der zweiten Bundesliga sind die Kosten für die Mannschaft, die Verwaltung oder die Trainingsstätten nicht für die Kalkulation relevant, da sie von den Werbe- und Sponsoreneinnahmen sowie den Einnahmen für das Catering gedeckt werden. Von Bedeutung sind lediglich die Einnahmen aus dem Verkauf von Sitzplätzen und aus Parkhausgebühren.

Davon ausgehend, dass in der zweiten Bundesliga 20 Mannschaften spielen, kommt es also zu 19 Heimspielen. Durchschnittlich besuchen etwa 15 000 Zuschauer ein Heimspiel. Dabei beträgt der Durchschnittspreis für eine Eintrittskarte 15 Mark. Daraus ergibt sich für die Einnahmen aus Eintrittsgeldern:

	Anzahl der Heimspiele	19
x	Durchschnittliche Zuschauerzahl pro Spiel	15 000
=	**Anzahl von Besuchern**	**285 000**
x	Durchschnittlicher Eintrittspreis (DM)	15
=	**Einnahmen aus Eintrittsgeldern (DM)**	**4 275 000**

Bei den Einnahmen aus Parkhausgebühren gehen wir davon aus, dass aufgrund der Nähe des Parkhauses zum Stadion und der relativ günstigen Gebühren durchschnittlich etwa ein Drittel der Zuschauer das eigene Auto in diesem Parkhaus abstellt. Die Kalkulation sieht dann wie folgt aus:

	Anzahl der Heimspiele	19
x	Durchschnittliche Zuschauerzahl pro Spiel	15 000
=	**Anzahl von Besuchern**	**285 000**
x	Anteil der Parkhausbesucher	1/3
=	**Anzahl der Parkhausbesucher**	**95 000**
x	Durchschnittlicher Eintrittspreis (DM)	4
=	**Einnahmen aus Parkgebühren (DM)**	**380 000**

Somit ergibt sich insgesamt folgende Einnahmesumme:

	Einnahmen aus Eintrittsgeldern (DM)	4 275 000
+	Einnahmen aus Parkgebühren (DM)	380 000
=	**Summe der Einnahmen (DM)**	**4 655 000**

Für den Fall einer Verwendung der Stadionanlage für drei Rockkonzerte pro Jahr gehen wir bei Top Stars von einer durchschnittlichen Besucherzahl von 35 000 pro Konzert bei einem durchschnittlichen Eintrittspreis von 60 Mark aus. Daraus ergibt sich:

	Anzahl der Konzerte	3
x	Durchschnittliche Besucherzahl pro Konzert	35 000
=	**Anzahl der Besucher**	**105 000**
x	Durchschnittlicher Eintrittspreis (DM)	60
=	**Einnahmen aus Eintrittsgeldern (DM)**	**6 300 000**

Bei den Parkgebühren kann man ebenfalls von circa einem Drittel der Besucher ausgehen, die ihr Fahrzeug im Parkhaus abstellen werden. Allerdings steht nur eine begrenzte Anzahl von Stellplätzen zur Verfügung. Bei gleichem Einheitspreis für den Konzertabend ergeben sich damit folgende Zahlen:

	Anzahl der Konzerte	3
x	Durchschnittliche Besucherzahl pro Konzert	35 000
=	**Anzahl von Besuchern**	**105 000**
x	Anteil der Parkhausbesucher	1/3
=	**Maximale Anzahl Parkhausbesucher (aufgrund vorhandener Kapazität)**	**30 000**
x	Durchschnittlicher Eintrittspreis (DM)	4
=	**Einnahmen aus Parkgebühren (DM)**	**120 000**

Somit ergibt sich für die Gesamteinnahmen Folgendes:

	Einnahmen aus Eintrittsgeldern (DM)	6 300 000
+	Einnahmen aus Parkgebühren (DM)	120 000
=	**Summe der Einnahmen (DM)**	**6 420 000**

Im direkten Einnahmevergleich stellt sich also die Verwendung als Konzertstätte als die lukrativere Variante dar.

Darüber hinaus wäre zu prüfen, ob nicht die Möglichkeit besteht, die Konzerttermine mit dem Veranstalter so abzusprechen, dass sie während der Sommerpause oder zumindest bei Auswärtsspielen der Mannschaft stattfinden. In diesem Fall ließen sich die Einnahmen maximieren. Hierbei ergibt sich bei den Einnahmen unter den gleichen bisher getroffenen Annahmen (zum Beispiel keine Extrakosten für Security bei den Konzerten, keine Extrakosten für Reinigung nach Konzerten) wahrscheinlich sogar mehr als die Summe der beiden aufaddierten Einzelposten. Damit würden, basierend auf den Vorgaben der Fallstudie, mehr als 4 655 000 + 6 440 000 = 11 095 000 Mark zu Buche schlagen. Werden jetzt beide Verwendungsalternativen realisiert, ist anzunehmen, dass die Kosten für die Instandhaltung und den Betrieb der Anlagen höher sind als bei der Realisierung nur einer Verwendungsart, allerdings werden sie geringer sein als die verdoppelten Kosten von nur einer Verwendungsart.

17. Fallstudie: Akquisition eines Papierproduzenten

Sie beraten einen international tätigen Produzenten von Computerhardware. Der Vorstand des Unternehmens tritt an Sie heran, beauftragt Sie mit einer Analyse der Sinnhaltigkeit einer potenziellen Akquisition eines Papierproduzenten. Der Preis für den Papierhersteller wird mit 250 Millionen Euro veranschlagt. Der jährliche Gewinn (nach Steuern) dieses Unternehmens beträgt 22,5 Millionen Euro. Ihnen stehen geprüfte Finanzberichte über das Unternehmen zur Verfügung und es besteht darüber hinaus die Möglichkeit, Interviews zu führen.

→ *Der Weg zur Lösung*

Bei dieser Aufgabenstellung bietet es sich an, sowohl das betreffende Zielunternehmen als auch die Märkte, in denen das Unternehmen tätig ist, zu analysieren.

Um abschätzen zu können, ob die 250 Millionen Euro ein angemessener Kaufpreis für den Papierproduzenten sind, bietet es sich an, den Wert des Zielunternehmens zu ermitteln. In diesem Fall muss zunächst der Baseline Value (Basiswert), der Wert des Unternehmens bei konstanten Margen und ohne Geschäftswachstum, ermittelt werden. Der Unternehmenswert errechnet sich aus dem Quotienten aus Cashflow und der Zinsrate beziehungsweise dem Abzinsungsfaktor, der für diese Investition in Anbetracht des Risikos der Transaktion als angebracht erscheint.

Betrachten wir die beiden Faktoren dieses Quotienten genauer: Der für ein Investment als realistisch anzunehmende Abzinsungsfaktor wird in der Regel durch das Capital Asset Pricing Model (CAPM) errechnet. An dieser Stelle wird jedoch nicht weiter auf dieses Verfahren zur Bestimmung des Abzinsungsfaktors eingegangen, sondern mit einem hypothetischen Zinssatz von 15 Prozent gerechnet.

Der Cashflow eines Unternehmens wird ermittelt, indem man die Kapitalkosten von den Nettoeinnahmen subtrahiert, die Abschreibungen addiert und um die Änderungen beim Betriebskapital (positiv oder negativ) korrigiert.

Geht man davon aus, dass es kein Wachstum der Geschäftstätigkeit gibt, sollten die Kapitalkosten identisch mit den Abschreibungen sein und das Betriebskapital konstant bleiben. Dadurch vereinfacht sich die oben erwähnte Gleichung enorm. Der Cashflow des Unternehmens ist in diesem Fall mit den Nettoeinnahmen gleichzusetzen. Diese wiederum entsprechen dem Nettobetriebsgewinn nach Steuern.

Nach diesen theoretischen Exkursen gilt es nun, den Quotienten aus Cashflow und Abzinsungsfaktor für die hier zu betrachtende Akquisition zu berechnen. Bei dieser Division erhält man einen Wert von 150 Millionen Euro. Die steuerlichen Aspekte werden in diesem Fall nicht berücksichtigt.

Nachdem der Grundwert des Unternehmens berechnet wurde, ist es sinnvoll, das so genannte Upside Potential des Unternehmens zu betrachten, wenn es nach wie vor als Einzelunternehmen geführt wird. Hierbei ist das Ziel zu ergründen, welche negativen Entwicklungen für die Geschäftstätigkeit des Unternehmens in der kurz- bis mittelfristigen Planung realistisch sind. Aus diesen Informationen lässt sich ein Zuschlag zum Baseline Value des Unternehmens ermitteln, der bei der holistischen Bewertung des Akquisitionspreises ebenfalls betrachtet werden muss.

Außerdem ist es angebracht, sich mit der Stellung des Papierherstellers am Markt zu beschäftigen. Hierfür bietet sich das Konzept der Five Forces von Porter an, bei dem sowohl der Markt als auch die gesamte Papierbranche analysiert wird. Dabei werden die Kunden, die Lieferanten und existierende, neue oder potenzielle Wettbewerber und auch die Potenziale des zu beurteilenden Unternehmens eingehend analysiert. Auf die komplette Fünf-Kräfte-Analyse wird an dieser Stelle verzichtet.

Gehen Sie davon aus, dass Ihr Interviewer Ihnen folgende Informationen zum Markt zur Verfügung stellt:

Der Markt für (normales) Papier ist zum gegenwärtigen Zeitpunkt ein reifer, oligopolistischer Markt. Es herrschen Konzentrationstendenzen vor. Der auch für die Zukunft als relativ stabil anzusehende Marktanteil des Unternehmens in den bisherigen Produktlinien beträgt etwa zehn Prozent. Die Preise für Papier sind moderat steigend. Dieser Trend wird von Brancheninsidern auch für die nächsten drei bis vier Jahre als anhaltend eingestuft. Die Kundenbeziehungen gelten als historisch gefestigt und es bestehen gute Kontakte zu Holzlieferanten. Die Preise für das benötigte Holz sind leicht schwankend. Das Unternehmen selbst verfügt über mehrere Produktionshallen, die zu 70 Prozent ausgelastet sind und vor ungefähr zwei Jahren komplett modernisiert wurden.

Aufgrund dieser Informationen kann man darauf schließen, dass zumindest durch die angestammte Geschäftstätigkeit die Realisierung von zusätzlichen Erträgen ungewiss und nur bedingt zu kalkulieren ist.

Sie sollten dem Interviewer also Fragen zur Entwicklung und Nutzung von Marktpotenzialen in neuen Marktfeldern stellen. Mögliche Fragen sind beispielsweise, ob bereits in andere Bereiche als die unternehmerischen Kernmarktbereiche expandiert wurde. Sollte dies der Fall sein, so stellt sich die Frage, wie hoch die Marktanteile auf diesen Märkten sind. Ferner ist die Betrachtung des Potenzials einer weiteren Expansion in diese neuen Märkte sinnvoll.

In dem hier betrachteten Fall sind bisher keine Anstrengungen für eine Expansion in andere Märkte unternommen worden. Zunächst wäre also eine Expansion anzustreben, wodurch sich hohe Kosten für Marktforschung, Marketing,

Vertrieb und Produkt- beziehungsweise Produktionstests ergeben würden.

Nach dieser Analyse lässt sich auch das gesamte Upside Potential als unsicher und nur schwer bis gar nicht in seinem Umfang einschätzen.

Abschließend muss nun zur Bewertung des Sinns und der Erfolgspotenziale der Akquisition eine Abschätzung der Synergien bei einem Zusammenschluss der Unternehmen vorgenommen werden.

In der Unternehmenspraxis findet eine Differenzierung der Synergiepotenziale häufig nach marktorientierten, kostenwirksamen und steuerlichen Synergieeffekten statt. Bei den marktorientierten Synergieeffekten wird Marktmacht, charakterisiert durch Marktanteile, Markteintrittsbarrieren und Diversifikationsziele, angestrebt. Kostenwirksame Synergieeffekte resultieren meist aus Veränderungen in der Organisation, der Produktion und der Finanzierung. Besonders in diesem Fall bietet sich die Möglichkeit, die potenziellen Synergieeffekte der Akquisition anhand der Wertschöpfungskette nach Porter zu analysieren. Dabei wird das gesamte Unternehmen, von der Unternehmensführung und dem Personal-, Informations- und dem Beschaffungsmanagement, über den Einkauf, die Produktion, das Marketing und den Vertrieb bis hin zur Distribution und zum Kundenservice, betrachtet.

Durch die richtige Gestaltung einer Akquisition lassen sich für den Erwerber durchaus erhebliche Steuervorteile erzielen. Allerdings werden die wenigsten Unternehmenskäufe aus steuerlichen Gründen vorgenommen. Deshalb und aufgrund der Komplexität der notwendigen Informationen zur Einbeziehung dieser Synergiepotenziale in die Fallstudie wird im Folgenden nicht mit derartigen Synergien gerechnet.

Aufgrund der diametralen Betätigungsschwerpunkte der beiden an der Transaktion beteiligten Unternehmen liegt die

Vermutung nahe, dass es sich primär um das Erreichen marktorientierter Synergien handelt. Allerdings stellt sich in diesem Fall verstärkt die Frage nach dem Sinn einer derartigen Transaktion. Eine Diversifikation eines Unternehmens in einem kompetitiven, aber dennoch stark wachsenden Markt wie der Hardwareproduktion in einen eher stabilen bis reifen Markt, der nichts mit den Kerngeschäftsfeldern des Erwerbers zu tun hat, befriedigt weder die Erwartungen der Marktanteilserhöhung noch der Erhöhung der Markteintrittsbarrieren im Stammmarkt des erwerbenden Unternehmens. Diversifikationszielsetzungen hinsichtlich des Papiermarkts sind aufgrund des mangelnden Potenzials von weiteren Synergien im operativen Geschäft und den eher durchschnittlichen Ertragsaussichten in der mittleren bis fernen Zukunft in der Papierbranche wenig substanziell.

Bei genauer Analyse der Akquisition stellt sich die Frage, ob und in welchem Maß kostenwirksame Synergien verwirklicht werden können. Es leuchtet ein, dass aufgrund der großen Unterschiede im Produktionsprozess, bei den eingesetzten Materialien, den Anforderungen an die Distribution und den zu beliefernden Kunden höchstens marginale Synergien realisierbar sind. Bei der Beschaffung von Einsatzmitteln für die Administration oder den Außendienst, die demnach unabhängig von der Art der vom Unternehmen erstellten Leistung sind, lassen sich weitere potenzielle Synergien vermuten. Im Informationsmanagement oder bei der Beschaffung von Büromaterial oder zum Beispiel im Management der Fahrzeugflotte könnten potenzielle Synergien liegen. Diese sind allerdings nicht zu beziffern und ihre Relevanz ist in diesem Fall nicht abschätzbar.

Bei den dargestellten Synergiepotenzialen sollte bedacht werden, dass viele Akquisitionen nicht oder nur zu einem geringen Anteil in der Lage sind, das volle Potenzial der vor der Transaktion erhofften Synergien auch tatsächlich zu verwirklichen.

Auch die Frage nach einer Finanzinvestition macht bei dieser Betrachtung der Profitabilität keinen Sinn.

Somit steht als Baseline Value der Betrag von 150 Millionen Euro ohne direkt evident quantifizierbare Synergien und Upside Potential einem Kaufpreis von 250 Millionen Euro gegenüber. Ohne weitere Informationen der Unternehmensleitung zu anderen, eventuell nicht rationalen Zielen der Akquisition des Hardwareproduzenten macht die Transaktion keinen Sinn.

IV. Geschäftsfelderweiterung

18. Fallstudie: Non Profit Organization

In den USA gibt es seit 1976 eine Non Profit Organization (hier: »FamHouse«), deren Mission der Kampf gegen Obdachlosigkeit ist. So werden Gelder von Staat, Industrie und anderen Spendern gesammelt, die dann zur Errichtung von Häusern und Siedlungen verwendet werden. Teil des Erfolgsrezepts ist nicht nur das Errichten von Häusern, sondern auch das Bereitstellen von Kapital. Familien helfen anderen Familien beim Hausbau und können dann ein Haus erwerben, das ebenfalls von helfenden Familien errichtet wird. Über Jahre würde so eine einzigartige Organisationskultur geschaffen. Mittlerweile gibt es auf der ganzen Welt Ableger von FamHouse. Einerseits funktioniert die Organisation wie eine globale Familie, die nach Zusammenhalt strebt, andererseits sind die Bedürfnisse in verschiedenen Ländern heterogener Art und bestimmte Landesorganisationen streben nach größerer Unabhängigkeit. FamHouse sieht sich nun mit einer Reihe von Problemen konfrontiert.

Bisher wurden Häuser nur in ländlichen Gegenden errichtet, doch die Öffentlichkeit erwartet mittlerweile auch die Aufnahme von Aktivitäten in Stadtgebieten. Ist dies möglich?

Kann FamHouse ausschließlich mit freiwilligen Helfern und Freizeitmanagern Wachstumsziele erreichen und die weltweiten Aktivitäten ohne Druck und Kontrolle koordinieren?

→ *Der Weg zur Lösung*

Die zwei Herausforderungen sollen sukzessive bearbeitet werden. Zunächst wird eine kurze SWOT-Analyse durchgeführt, um zu entscheiden, ob FamHouse in Stadtgebiete expandieren sollte. Im zweiten Teil wird versucht, eine Struktur zu finden, die in einer Non-Profit-Organisation effektives Arbeiten ermöglicht.

1. Geschäftserweiterung Stadt

Bei der SWOT-Analyse werden Stärken (**S**trengths), Schwächen (**W**eaknesses), Chancen (**O**pportunities) und Gefahren (**T**hreats) eines Unternehmens, Marktes oder eines möglichen Geschäftsfelds untersucht.

Strengths: Die Hauptstärke von FamHouse ist die einzigartige Organisationskultur. FamHouse ist es gelungen, in ausreichender Quantität und Qualität freiwillige Helfer anzuziehen, um der Mission ein Stück näher zu kommen. Auf der ganzen Welt melden sich Mitarbeiter, die gemeinsam mit der Organisation Gutes vollbringen wollen. Jeder Helfer weiß, dass er vielleicht eines Tages selbst auf diese Unterstützung zurückgreifen kann. Dieser Geist ist über die Jahre nicht erloschen.

Weaknesses: FamHouse ist auch international sehr schnell gewachsen, da die Idee überall großen Anklang gefunden hat und Obdachlosigkeit auf der ganzen Welt ein Problem darstellt. Allerdings ist in einer Non-Profit-Organisation ohne straffen Verwaltungsapparat effizientes Arbeiten schwer möglich. Ein freiwilliger Helfer kann kaum zu schnellerer oder besserer Erfüllung seiner Aufgabe gedrängt werden. Die Mutterorganisation kann nicht kontrollieren, ob die Ableger der Mission entsprechend handeln und gewünschte Qualitätsstandards einhalten. Effektive Koordination, weltweite Organisation und Kontrolle sind bei weiterem Wachstum schwer zu realisieren.

Threats: Bei einer Ausdehnung der Aktivitäten auf städtische Ballungszentren würde FamHouse neuen Herausforderungen gegenüberstehen:

- Projektkosten: Im Gegensatz zu ländlichen Gegenden, in denen Grundstücke preiswert sind, würden die Projekte in Stadtgebieten wesentlich kostenintensiver sein. Dazu tragen auch die Materiallagerkosten bei.
- Baustil: FamHouse hat langjährige Erfahrung im ländlichen Baustil. Es ist fraglich, ob diese auch auf den städtischen Hausbau angewendet werden kann oder ob hier weitaus größere technische Fähigkeiten benötigt werden. Gegebenenfalls ist der Einsatz von Fachkräften erforderlich.
- Gesellschaftsprobleme: Möglicherweise sind die Probleme der Menschen in der Stadt anderer Art als auf dem Land. In Städten besteht die Gefahr, zu sehr in Gesellschaftsprobleme höherer Komplexität, wie Drogenmissbrauch oder Massenarbeitslosigkeit, involviert zu werden.

Opportunities: Andererseits hat eine entsprechende Geschäftsfelderweiterung auch Vorteile:

- Missionserfüllung: Die Mission von FamHouse ist die weltweite Bekämpfung von Obdachlosigkeit. Dazu zählen natürlich auch die Stadtgebiete.
- Publicity: Eine Ausdehnung der Aktivitäten könnte allgemein mehr Aufmerksamkeit erregen. Möglicherweise zeigen Menschen oder Unternehmen auf dem Land grundsätzlich mehr soziales Engagement, doch bietet eine Stadt weit mehr Möglichkeiten. Die Geschäftserweiterung könnte geschickterweise mit aktiver Einbindung der Presse vollzogen werden, sodass neue Geldgeber und Helfer auf die Organisation aufmerksam werden. Insofern könn-

te eine Ausdehnung in städtische Ballungszentren langfristig von Vorteil sein. Mit Unterstützung der breiten Öffentlichkeit könnte darüber hinaus sanfter Druck auf die Kommunalpolitiker ausgeübt werden, um den Projekten zusätzliche finanzielle Mittel oder Hilfe in Form von Boden, Maschinenverleih oder Ähnlichem zu beschaffen.

Wenn FamHouse seine Mission tatsächlich erfüllen möchte, muss es auch in urbanen Gebieten aktiv werden. Die Projektstruktur in einer Stadt wird sich von der ländlichen in mehreren Bereichen unterscheiden (beispielsweise Grundstückspreise, Logistik, Baurichtlinien, Projektgröße oder Baustil). Deshalb wäre es sinnvoll, FamHouse organisatorisch in die zwei Divisionen »Stadtbau« und »Landbau« zu teilen. In der Anfangsphase müssen erfahrene Projektleiter beim Aufbau der neuen Division behilflich sein. Innerhalb der Divisionen (Projekte und Probleme gleicher Art) – gegebenenfalls auch divisionsübergreifend – sollte ein reger Erfahrungsaustausch stattfinden. Zum Beispiel kann bei mehreren Projekten in der gleichen Stadt die Materialanlieferung koordiniert werden. Es ist zu erwarten, dass städtische Projekte größere Ausmaße annehmen (Hausgröße, Bauumfeld) und unter anderen Umständen (etwa Zeitdruck) ausgeführt werden müssen. Dies macht einen perfekt funktionierenden Organisationsapparat unabdingbar.

2. Organisation

FamHouse ist durch sein einzigartiges Konzept schnell gewachsen. Allen Mitgliedern und der Erfüllung der Mission kommt es zugute, wenn die Organisation gut funktioniert. Ein gewisser Teil der Einnahmen (beispielsweise Spenden) kann abgeführt werden, um die eigene Verwaltung zu finanzieren. Die dadurch gewonnenen finanziellen Ressourcen sollten dafür verwendet werden, die Organisation professioneller zu gestalten.

Globales Management: Es kann eine kleine Zahl Manager beschäftigt werden, die die globalen Projekte koordinieren und die Aktivitäten der weltweiten Filialen unterstützen. Erfahrungen positiver und negativer Art können über den Stammsitz allen Filialen zugänglich gemacht werden. Das Headquarter kann die Filialen bei der Kommunikation mit der jeweiligen Landesregierung oder beim Aufbau von Geschäftsbeziehungen jeglicher Art unterstützen. Denkbar wäre, zu diesem Zweck erfahrene Mitarbeiter in die betreffenden Regionen zu entsenden. Eine weitere mögliche Aufgabe des Managements ist die Weiterleitung von Geldern in Länder der Dritten Welt, um dort auch ohne lokale Spender Wohnraum zu schaffen. Letztlich repräsentiert das globale Management die Organisation nach außen.

Lokales Management: Die einzelnen Landesorganisationen müssen sich an den vorgegebenen Richtlinien (Mission, Qualitätsstandards) orientieren, sollten aber dennoch weitgehend selbstständig arbeiten können. Dazu gehört die Anpassung an lokale Bedürfnisse und Gegebenheiten. Erfahrungen lassen sich nicht ohne weiteres auf andere Länder übertragen. Entscheidungen über die Art der Finanzierung und die Abwicklung von Bauprojekten innerhalb der Organisationsrichtlinien sollten in der Verfügungsgewalt der Landesgesellschaft liegen. Dennoch müssten sinnvollerweise wirtschaftliche Daten wie Spendenaufkommen, Kostenaufstellung und Projektberichte ständig an die Dachorganisation weitergeleitet werden.

Vergleichszahlen: Die Geldgeber möchten oftmals auf direktem Wege bedürftigen Menschen helfen und ihr Geld nicht in den Verwaltungsstrukturen einer Landesorganisation verschwinden sehen. Deshalb sollten die Filialen einer gewissen Kontrolle unterliegen. Da die Mitarbeit und das Funktionieren der Organisation auf freiwilliger Basis beruht, dürfen die Unterorganisationen nicht zu straff kontrolliert werden. Ein Ansporn für die Landesorganisationen könnte ein internes Benchmarking sein, durch das sich die einzelnen Untergruppen mit denen anderer Länder anhand definierter Kennzahlen vergleichen lassen. Mögliche Kennziffern könnten die Anzahl der gebauten Häuser, die Spendeneinkünfte, die Anzahl der freiwilligen Helfer und Ähnliches sein. Diese müssen natürlich in Relation zueinander gesetzt werden, um eine faire Vergleichbarkeit herzustellen.

Informationssystem: Für eine funktionierende Organisation ist ein entsprechendes Informationssystem notwendig. Das globale Management muss über die Aktivitäten und Kennzahlen der Landesgruppen Bescheid wissen, das lokale Management muss Vergleichsdaten abfragen können; weltweit sollte generell ein intensiver Erfahrungsaustausch stattfinden. Dieses Informationssystem sollte auch Funktionen wie beispielsweise Bulletin Boards, auf denen Anfragen zu bestimmten Themen oder Problemen gestellt werden können, enthalten.

Insgesamt muss versucht werden, FamHouse eine klare Struktur mit eindeutig definierten, aber auch freien Kommunikationswegen zu geben und die globalen Aktivitäten im Interesse aller zu koordinieren. Dennoch ist es essenziell, die einzigartige Kultur zu bewahren. Freiwillige Helfer wollen nicht in hohem Maß kontrolliert oder zur Arbeit gedrängt werden. Hier muss ein Mittelweg gefunden werden, der viel Fingerspitzengefühl erfordert.

19. Fallstudie: Versicherer goes online

Das Versicherungsunternehmen NoPay plant, in Anbetracht des boomenden Internet und erfolgreicher E-Commerce-Konzepte seine Leistungen online zu vermarkten. Deshalb werden Sie beauftragt, diese Möglichkeit zu untersuchen. Falls der Grundidee zugestimmt wird, ist eine Grobkonzepterstellung vorzunehmen.

→ *Der Weg zur Lösung*

Zunächst müssen die Ziele untersucht werden, die NoPay mit der Internetpräsenz verfolgen möchte. Daraufhin sind die entstehenden Kosten zu kalkulieren, um schließlich entscheiden zu können, welche Produkte oder Leistungen über das Internet angeboten werden können.

Ziele

Grundsätzlich muss untersucht werden, welche Ziele NoPay mit einer Internetpräsenz verfolgen und erfüllen kann. Wie die folgende Abbildung verdeutlicht, können über diesen neuen Vertriebsweg drei primäre Ziele verfolgt werden:

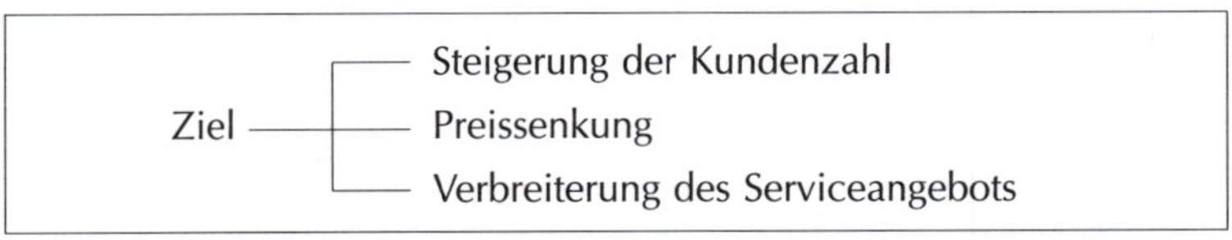

Ziele von NoPay

– Steigerung der Kundenzahl: NoPay kann versuchen, über eine Präsenz im Internet zu neuen Kundengruppen vorzudringen, die das Unternehmen bisher über den herkömmlichen Vertriebsweg nicht erreichen konnte. Darüber hinaus können gerade wegen der Möglichkeit von Internettransaktionen Neukunden gewonnen werden. Beides erhöht die Menge der Versicherungsnehmer und kann zu einer Umsatzsteigerung führen.

- Preissenkungen: Ist die Internetpräsenz einmal etabliert, können Versicherungen kostengünstig vertrieben werden. Ein Großteil der Datenaufnahme findet bereits durch den Versicherten statt. Diese Daten können direkt in die Firmendatenbank übernommen werden. Teile der teuren Außendiensttätigkeit können auf diese Weise umgangen werden. Diese Kosteneinsparungen können als günstige Versicherungsprämien weitergegeben werden. Geschickt wäre es, die neu gewonnene Marge zwischen dem Unternehmen und den Kunden zu teilen. Durch die verringerte Prämie lassen sich wieder neue Kunden anziehen. Bei konstanter Prämie bedeutet die Kosteneinsparung eine Gewinnerhöhung, bei Prämiensenkung kann der Umsatz durch Neukundengewinnung gesteigert werden.
- Verbreiterung des Serviceangebots: Die Internetpräsenz kann auch einfach dafür genutzt werden, den Kunden von NoPay einen erweiterten Service zu bieten. Zusätzlich zu telefonischen Anfragen können auch Fragen per E-Mail gestellt werden. Die Kunden können auf diesem Weg Informationsmaterial anfordern oder werden diskret über neue Produkte informiert.

Kosten

Der Aufbau einer Internetpräsenz ist mit Kosten verbunden. Grundsätzlich können hier vier Kostenblöcke unterschieden werden:

- Hardware: Es müssen Server eingerichtet werden, deren Kapazität ausreicht, um Online-Transaktionen reibungslos und sicher durchzuführen. Hierfür muss berechnet werden, welche Kapazität notwendig ist, wenn eine bestimmte Anzahl von Transaktionen synchron durchgeführt wird.

- Software/Homepages: Für einen kundenfreundlichen Internetauftritt muss eine Website programmiert werden, die übersichtlich ist und die gewünschten Eigenschaften aufweist. So soll die Site über das aktuelle Produktprogramm informieren (Gewinnung von Neukunden) und die notwendigen Transaktionen ermöglichen. Beim Abschluss einer Versicherung werden vertrauliche Daten übermittelt. Hierfür müssen die entsprechenden Sicherheitsstandards über ein Encryptions-Programm gewährleistet sein.
- Zugang: Die Internetseiten müssen über einen Provider dem Netz zugänglich gemacht werden. Dafür fallen meist so genannte Flat Fees (feste Mietpreise) an.
- Werbung: Das neue Angebot muss in der Öffentlichkeit hinreichend bekannt gemacht werden. So kann die Internetpräsenz einerseits durch Angabe der Internetadresse (URL) über die herkömmlichen Werbemedien beworben werden, andererseits besteht auch die Möglichkeit, über Bannerwerbung auf anderen Homepages auf die eigene Site aufmerksam zu machen.

Produkte

Ein Kunde kann grundsätzlich in zwei Situationen zum Wechsel der Versicherung bewegt werden. Entweder er erhält bei gleichem Preis mehr Leistungen oder er erhält die gleiche Leistung zu einem günstigeren Preis. Beides ist durch eine Internetpräsenz möglich, vorausgesetzt, dass das Internet als Vertriebsmedium vom Kunden akzeptiert wird.

Vertriebskanal	Anteil der Versicherungsabschlüsse
Vertreter	85 %
Banken	8 %
Direkt	4 %
Arbeitgeber	3 %

Übersicht der Vertriebskanäle

Bei NoPay gibt es wie bei den meisten Versicherungsunternehmen bisher vier Vertriebswege. Die Tabelle auf Seite 115 zeigt diese und nennt den jeweiligen Anteil der Versicherungsabschlüsse.

Wird eine Versicherung direkt abgeschlossen, so agiert der Versicherte ähnlich selbstständig wie bei einer Internettransaktion. Welche Leistungen sollten also über das Internet angeboten werden? Zu einer umfassenden Internetpräsenz gehört nicht nur die Information, sondern auch die Transaktion. Ein potenzieller Kunde muss sich im Internet über die Angebote informieren und gegebenenfalls sofort die gewünschte Versicherung abschließen können. Hierfür eignen sich zunächst solche Versicherungen, die wenig Beratungsaufwand verursachen und deren Bedingungen für den Versicherten leicht verständlich sind. Dazu zählen Leistungen wie Hausrat-, Haftpflicht-, Fahrzeug- oder Unfallversicherungen.

Zielgruppe: Es ist wahrscheinlich, dass eher Privatpersonen auf das Angebot im Internet zurückgreifen werden. Im Vergleich zu gewerblichen Kunden verursachen sie relativ hohe Beratungs- und Verwaltungskosten, sodass die Versicherung ihnen bei eigenständigen Internettransaktionen besonders günstige Tarife anbieten kann. Gewerbliche Kunden – etwa Arbeitgeber – wollen in kürzester Zeit ihre Fragen beantwortet haben, ohne lange nach der richtigen Information auf der Homepage von NoPay zu suchen. Deshalb sollte sich das Leistungsspektrum vornehmlich an den Bedürfnissen von Privatkunden orientieren.

Grundsätzlich erscheint die Internetpräsenz von NoPay als sinnvolle Idee, da die genannten Ziele realistisch sind. Um die Entscheidungsbasis zu verbessern, müssen die entstehenden Kosten quantifiziert werden. Dies kann über eine allgemeine Ausschreibung an Komplettanbieter sehr leicht geschehen. Schwieriger wird allerdings die Bezifferung des

Umsatzpotenzials. Hier muss abgeschätzt werden, wie viele Kunden durch die Möglichkeit von Online-Transaktionen neu gewonnen werden können und wie groß die Kannibalisierung der anderen Vertriebswege von NoPay ist. Für die Prämienberechnung muss darüber hinaus festgestellt werden, ob die neue Versichertengemeinschaft die gleiche Risikostruktur wie die bisherige Gemeinschaft enthält.

Diese Potenzialberechnungen sollten durch einen Plausibilitätscheck verifiziert werden. Dies könnte durch einen Vergleich mit einem ähnlichen Versicherer geschehen, der ein entsprechendes System bereits implementiert hat. Da die direkte Konkurrenz nur ungern solche Informationen erteilt (besonders wenn die Aktion wenig erfolgreich war), bietet sich hier ein Unternehmen aus einem anderen Land an.

20. Fallstudie: Spartenkanal im Pay-TV

In Deutschland kann man Fernsehprogramme über die Hausantenne, eine Satellitenschüssel oder über das Kabelnetz empfangen. Die Programme im Netz können je nach Einspeisung regional verschieden sein. Alle Programme werden gegen eine monatliche Pauschale ausgestrahlt. Zusätzlich arbeiten Unternehmen an der Einführung von Sonderkanälen, die der Zuschauer separat bezahlen muss. In Deutschland wurde dieses System durch den Pay-TV-Sender Premiere bekannt. Das Unternehmen WatchTV fragt die Spezialberatung FernsehTotal, ob sich ein Spartensender für Reitsport rechnen könnte. Ihre Aufgabe ist es, in einem Brainstorming wichtige Analyseansätze zu erarbeiten, die später quantifiziert werden sollen.

→ *Der Weg zur Lösung*

Im Folgenden wird zunächst die Vier-C-Analyse als Grundlage verwendet, bevor das Vier-P-Konzept des Marketings bei der Grobkonzeption als Basis dient.

1. Vier-C-Analyse

Customers: Die Anzahl potenzieller Kunden wird aller Wahrscheinlichkeit nach relativ gering sein. Reitsport ist kein Breitensport wie Fußball, sondern er wird nur von einer kleinen Gruppe aktiv wie passiv betrieben. Es gibt zwei Hauptkundengruppen:

Die erste besteht aus meist weiblichen Jugendlichen, die ihre Freizeit für Pferde opfern und jede freie Minute in den Ställen und auf den Koppeln verbringen. Diese Gruppe hat altersbedingt allerdings oft nicht die alleinige Entscheidungsbefugnis, einen Spartenkanal zu abonnieren.

Die zweite Kundengruppe wird von Erwachsenen gebildet, von denen viele eher passives Interesse am Reitsport haben. Oftmals sind sie früher selbst geritten oder haben anderweitig eine Beziehung zum Reitsport aufgebaut.

Für eine erste Abschätzung des Kundenpotenzials soll die Gesamtkundenzahl untersucht werden. Ein erster Anhaltspunkt kann über die Menge der Reiter oder der Reitsportinteressierten abgeleitet werden. Zu welcher Zeit wie viele dieser potenziell Interessierten diesen Kanal einschalten würden, ist nur schwer abzuschätzen. Erste Zahlen lassen sich von den Einschaltquoten allgemeiner Sportkanäle (DSF, Eurosport) bei Reitsportbeiträgen oder ähnlichen Sportarten ableiten. Darüber hinaus können auch andere kostenpflichtige Spartenkanäle aus anderen Ländern mit ähnlich großer Zielgruppe zum Vergleich herangezogen werden.

Costs: Für die Inbetriebnahme des Spartensenders fallen folgende zentrale Kostenblöcke an: Die *technischen Voraussetzungen* für das Entwickeln und Senden der Beiträge und die entsprechenden Übertragungskapazitäten müssen bereitgestellt werden. Für nicht selbst hergestellte Beiträge fallen je nach Beitrag verschieden hohe *Lizenzgebühren* an. Trotz dieser leichten Schwankungen können sie als fixe Kosten betrachtet werden. Darüber hinaus ist ein intensives *Marketing* notwendig, um die Öffentlichkeit auf den neuen Sender aufmerksam zu machen. Letzter fixer Kostenblock sind die eigenen *Overhead-Kosten*, die in der Verwaltung oder einem Callcenter anfallen. Die Kosten für die *Decoder* und den *Vertrieb* können als variabel angesehen werden, da sie bei jedem Kunden neu anfallen.

Capabilities: Hier wird untersucht, ob die eigenen Kompetenzen des Unternehmens ausreichen, um das Projekt zu realisieren. Dies umfasst die technischen, finanziellen und fachlichen Fähigkeiten. Ist WatchTV bereits Eigentümer von anderen Pay-TV-Sendern, so sollte das technische Know-how vorhanden sein. Ist WatchTV eine Sendeanstalt ohne Pay-TV, so muss die Decodertechnik entwickelt oder eingekauft werden. Dazu sind entsprechende finanzielle Ressourcen notwendig. Entscheidend ist, ob die Finanzkraft ausreicht, eine möglicherweise lange Anlaufphase (bis zum kumulierten Breakevenpunkt) zu überstehen. Weiterhin erfordern die Inhalte der Sendebeiträge fachlich qualifizierte Mitarbeiter, die – sofern nicht vorhanden – durch Abwerbungen (Moderatoren, Experten) eingekauft werden müssen.

Competition: Es ist davon auszugehen, dass es kein direktes Konkurrenzunternehmen, das heißt einen weiteren Reitsportsender, gibt. Als Konkurrenz können jedoch alle anderen Pay-TV-Sender betrachtet werden, da viele Verbraucher schon aus Kostengründen nur bereit sind, einen oder wenige Sender zu abonnieren, und diese sorgfältig auswählen. So muss sich WatchTV mit seinem Angebot von den anderen Wettbewerbern klar differenzieren. Dies kann über das Programm, aber auch den Preis oder die Serviceleistungen geschehen. Das Programm ist sehr genau auf eine enge Zielgruppe festgelegt, der Preis wird im folgenden Abschnitt behandelt und die Serviceleistungen könnten eine Lieferung mit vollständiger Installation oder Sonderkonditionen für Reitsportevents oder Reitzubehör umfassen. Dabei kann die Entwicklung von Premiere als Vergleich für die Etablierung eines Pay-TV-Senders herangezogen werden.

2. Vier-P-Konzept

Product: Als Produkt gelten die Sendebeiträge innerhalb der Sparte Reitsport. Dies können vor allem Live-Übertragungen von Reitturnieren, Pferderennen und Geländeritten sein. Das Sendespektrum kann allerdings vergrößert werden, wenn zum Beispiel in Beiträgen »rund ums Pferd« weitere Aspekte des Reitsports mit eingebunden werden. Neue pferdebezogene Produkte (Anhänger bis *Zaumzeug*) können vorgestellt werden, wobei dies Werbepartnern (etwa Hersteller oder Vertreiber von Zubehör) die Möglichkeit gibt, selbst aufzutreten. WatchTV kann weiterhin Berichte über bekannte Reiter oder Gestüte beziehungsweise Beiträge über den richtigen Umgang mit Pferden ausstrahlen. Über diese Art von Beiträgen fließen dem Sender zusätzliche finanzielle Mittel zu.

Price: Für einen Pay-TV-Sender gibt es zwei grundlegende Preisstrukturen. Ähnlich dem bereits existierenden Sender Premiere kann dem Kunden eine Monatspauschale (Flat Fee) in Rechnung gestellt werden. Mit dieser Pauschale sind alle Kosten abgegolten, unabhängig von der Nutzungsdauer und -häufigkeit. Andererseits kann ein nutzungsabhängiges Preissystem angewendet werden, bei dem der Kunde pro empfangener Zeiteinheit (Stunden oder Minuten) bezahlt (Pay per View). Die Flat Fee begünstigt diejenigen Kunden, die das Programm intensiv nutzen, da ihnen durch die Mehrnutzung im Vergleich zum anderen Modell keine weiteren Kosten entstehen. Im Extremfall könnte das Programm ohne zusätzlich entstehende Kosten 24 Stunden am Tag laufen. Das System Pay per View ist kostengünstig für solche Kunden, die das Programmangebot sehr selektiv nutzen. Hat der Kunde in einer Woche keine Zeit zum Fernsehen oder werden nur für ihn uninteressante Beiträge ausgestrahlt, so fallen auch keine Kosten an.

Alternativ ist eine Kombination beider Modelle möglich, indem eine Grundgebühr anfällt und dem Kunden ein zweiter Preisanteil je nach Nutzung in Rechnung gestellt wird (siehe Internetzugänge). Dies erscheint in dieser Situation als eine sinnvolle Lösung. Die Flat Fee garantiert dem Unternehmen zwar einen Grundumsatz. Da aber zu erwarten ist, dass ein Spartenkanal nicht konstant eingeschaltet wird (vgl. im Gegensatz dazu etwa den Musiksender MTV als Hintergrundmusik), tragen diejenigen Kunden, die den Sender wenig nutzen, bei einem variablen Preisanteil nicht die Kosten der Vielnutzer mit. Damit kann jeder Kunde seine Rechnung mitgestalten.

Promotion: Für den Erfolg des Senders ist es wichtig, innerhalb der Zielgruppe einen hohen Bekanntheitsgrad zu erlangen. Hierzu können beispielsweise im Rahmen von geeigneten Veranstaltungen Werbebanden aufgestellt oder bei Sendern mit ähnlicher Zielgruppe Fernsehwerbeblöcke geschaltet werden. Darüber hinaus kann WatchTV als Sponsor von Reitevents auftreten. Auch die Printmedien (etwa Pferdezeitschriften) können für das Marketing genutzt werden. Für jedes Werbemedium (Bande, TV, Sponsoring, Print) muss die Anzahl der damit erreichten potenziellen Kunden abgeschätzt werden, um die zu erwartenden Einnahmen den jeweiligen Werbeausgaben gegenüberzustellen. Auf diesem Weg kann WatchTV ein umfassendes Promotionprogramm aufstellen.

Placement: Die Platzierung des Senders hängt von der definierten Zielgruppe ab. Im Abschnitt Customers wurden zwei primäre Kundengruppen definiert, wobei deren Interessen und Ansprüche an WatchTV sehr verschieden sein können. Lassen sich die Kundengruppen nach Einschaltzeiten differenzieren, so kann sich die Produktplatzierung daran orientieren. Der Reitsport ist ein kostenintensives Hobby, sodass die Zielgruppe eher in besser verdienenden Bevölkerungskreisen zu sehen ist. Der Sender sollte deshalb sein Auftreten dieser Zielgruppe anpassen (vgl. zielgruppenorientiertes Auftreten von n-tv versus VIVA) und sich an der Zielgruppe orientieren.

Insgesamt ist fraglich, ob ein Sender für Reitsport eine ausreichende Zahl an Kunden gewinnen und genügend qualitative Beiträge produzieren kann, um den Breakeven zu erreichen und dabei rund um die Uhr zu senden. Möglicherweise hat die Kundengruppe nur zu gewissen Tageszeiten die Möglichkeit, den Sender zu nutzen. In einem solchen Fall ist zu überlegen, ob man den Reitsportsender mit einem anderen Spartenkanal zusammenführen sollte, der komplementäre Einschaltzeiten hat. Bei Projekten dieser Art rechnet man mit Anlaufphasen von fünf bis zehn Jahren. Allerdings ist zu berücksichtigen, dass die technologische Entwicklung sehr schnell voranschreitet und die Konkurrenz möglicherweise schon vor Ablauf der Investitionsphase mit neuer Technologie und neuen Angeboten auftritt. Die gegebenenfalls lange Amortisationsdauer und die kurzen Entwicklungszyklen sollten bei der endgültigen Entscheidung im Vordergrund stehen.

21. Fallstudie: Nagellack

Ein etabliertes Kosmetikunternehmen in Deutschland, das bisher nur Make-up hergestellt hat, möchte seine Produktpalette aus strategischen Gründen erweitern. Deshalb hat sich das Unternehmen frühzeitig die deutschlandweiten Lizenzrechte für einen neuartigen Nagellack gesichert, der mit den Lichtverhältnissen seine Farbe wechselt. Die Geschäftsführung glaubt, dass dies ein Erfolg versprechender Zukunftsmarkt sei, und bittet Sie um eine Analyse. Die genaue Aufgabenstellung ist herauszufinden, wie sich der Verkauf des Produkts voraussichtlich entwickeln wird und welche Marketingmaßnahmen zu ergreifen sind.

→ *Der Weg zur Lösung*

Man kann natürlich nicht genau vorhersagen, ob ein Produkt überhaupt auf dem Markt ankommen wird. Nach einer erfolgreich abgeschlossenen Testphase (das heißt, das Produkt kam bei einem ausgewählten Personenkreis gut an) hat man allerdings gute Aussichten auf einen normal verlaufenden Produktlebenszyklus. Deshalb bietet sich bei der Lösung dieser Aufgabe das Grundkonzept des Produktlebenszyklus in Verbindung mit der Lernkurve und der Matrix der Boston Consulting Group an.

Innerhalb eines Produktlebenszyklus können vier Teilbereiche unterschieden werden: die Markteinführungsphase, die Wachstumsphase, die Reifephase und die Niedergangsphase. Jede dieser Phasen beinhaltet Chancen und Risiken für das Unternehmen. Durch Anpassung der Strategie an die jeweilige Phase kann man den Gefahren begegnen. Hauptproblematik dabei ist das Erkennen der einzelnen Phasen, nicht die Entwicklung der darauf anzuwendenden Strategie.

Die Markteinführungsphase ist mit einem besonders

hohen Risikopotenzial verbunden, denn es müssen sehr hohe Investitionen getätigt werden, um den neuen Nagellack auf dem Markt einzuführen – und dies ohne die Gewissheit, dass das Produkt beim Konsumenten auf positive Resonanz stoßen wird. Das Verhalten der Konsumenten muss genauestens beobachtet werden, da man bei negativer Resonanz relativ schnell wieder aus dem Markt aussteigen muss, um weitere erfolglose Investitionen zu vermeiden, und bei positiver Resonanz die Marktentwicklung durch weitere Aktivitäten unterstützen kann.

In der Wachstumsphase steigen Erfolg des Produkts und Umsatz. In dieser Phase beginnt das Unternehmen, mit dem Produkt Gewinne zu machen.

In der Reifephase reduziert sich das Umsatzwachstum und man sollte versuchen, die Marktposition zu verteidigen beziehungsweise auszubauen, etwa mit der Entwicklung neuer Produktvarianten. Auch über den Preis ist es möglich, Marktanteile zu behaupten oder auszubauen und somit eine Phasenverlängerung zu bewirken.

Die Niedergangsphase ist mit starken Umsatzrückgängen verbunden. Kurzfristig mögliche Gewinnmitnahmen sollten noch realisiert werden, danach sollte man über den Marktausstieg nachdenken.

Die Lernkurve, oft auch als Erfahrungskurve bezeichnet, stellt den Zusammenhang zwischen dem Produktionsvolumen und den bei der Herstellung entstehenden Stückkosten dar. Das bedeutet, dass mit steigender Produktionsmenge die Stückkosten gesenkt werden können.

Mögliche Gründe für diese Entwicklung können zum Beispiel sein:

- Geringere Produktionskosten durch Anschaffung neuerer und größerer Maschinen bei gleichzeitig höheren Produktionsmengen
- Einsparungspotenziale durch die steigende Betriebsgröße in vielen Unternehmensbereichen

- Preisnachlässe der Lieferanten wegen größerer Einkaufsmengen bei Rohstoffen
- Kostensenkungspotenziale durch gesammelte Erfahrung bei der Produktherstellung.

Die Boston-Consulting-Group-Matrix verdeutlicht die Kombination der beiden zuvor genannten Grundkonzepte. Das Analysewerkzeug BCG-Matrix ist wie der Produktlebenszyklus in vier Phasen unterteilt. Innerhalb dieser Phasen werden aber die Erkenntnisse der Lernkurve berücksichtigt. Die Phasen der BCG-Matrix sind das Question Mark, die Stars, die Cash Cows und die Dogs.

Innerhalb der einzelnen Phasen werden verschiedene Strategien verfolgt. Für den Nagellack könnten sie wie folgt aussehen:

Question Mark

Unter das Question Mark fällt hier die Markteintrittsphase. Der Erfolg ist noch ungewiss, auch wenn die Zuwachsraten einiges erhoffen lassen. Diese Phase erfordert einen hohen Einsatz an Ressourcen, um den Marktanteil beziehungsweise den gesamten Markt auszubauen.

Die Einführungsphase ist nicht nur im Fall des Nagellacks, sondern generell durch geringe Umsätze und hohe Kosten pro Kunden sowie häufig negative Erträge geprägt. Die wenigen Kunden, die den Nagellack zu Beginn kaufen und benutzen, arbeiten sozusagen als Innovatoren. Die Zahl der Wettbewerber ist bei diesem Produkt zunächst sehr begrenzt, sofern es überhaupt welche gibt.

Das strategische Ziel in dieser Phase sollte sein, dem Nagellack zu einem gewissen Bekanntheitsgrad zu verhelfen. Dies kann über Radio- oder TV-Werbung beziehungsweise das Schalten von Anzeigen, vor allem in Magazinen, Zeitungen oder Zeitschriften, die von der Zielgruppe gelesen werden, erfolgen. Weiterhin muss der Handel durch eine groß angelegte Marketingoffensive mit Werbeplakaten, Sonderregalaufbauten, Schnupperpreisen und Ähnlichem vom neuen Produkt überzeugt werden. Das Verkaufspersonal könnte zum Beispiel eigens geschult werden oder Proben erhalten, um ein besseres Verkaufsergebnis des neuen Produkts zu erreichen. Außerdem kann man groß angelegte »Kunden-probieren-das-Produkt«-Aktionen in Verkaufsräumen, bei Veranstaltungen oder in Einkaufszentren durchführen.

Die Produktpalette sollte zu Beginn nur auf ein Grundprodukt beschränkt sein, um zu gegebener Zeit weitere Varianten auf den Markt bringen zu können und somit noch einmal für Interesse und Aufmerksamkeit zu sorgen.

Der Verkaufspreis sollte die Herstellungskosten des Produkts um einen gewissen Betrag übersteigen, sodass man zu einem späteren Zeitpunkt die Möglichkeit einer Preissenkung zur Umsatzsteigerung erwägen kann, ohne auf den Deckungsbeitrag zu verzichten.

Star

Diese Phase ist von schnell zunehmenden Umsatzzahlen geprägt. Die Kosten pro Kunde sinken auf ein durchschnittliches Niveau und die Gewinnzone wird erreicht. Man sollte versuchen, die Marktposition zu behaupten (Marktführerschaft) bezeihungsweise weiter auszubauen.

Die Zahl der Mitbewerber nimmt vermutlich ebenfalls zu, weil die Zuwachsraten und die noch hohen Gewinnmargen bei einem neuen Produkt weitere Wettbewerber anlocken.

Die marketingstrategische Zielsetzung muss nun sein, den Marktanteil so weit wie möglich auszuweiten. Dies kann über eine langfristige Kundenbindung erfolgen, beispielsweise auf dem Weg eines Markenimages, oder aber über das Nachschieben weiterer Produktvarianten, sodass man sich über die Produktvielfalt den Marktanteil sichert.

Bei steigender Nachfrage sollte die Promotionarbeit wieder reduziert werden. Dies reduziert die Kosten und erhöht die Gewinnspanne.

Sollte das Unternehmen vorhaben, weiterhin in diesem Marktbereich tätig zu sein, so sollte es sich in dieser Phase Gedanken über ein Folgeprodukt machen, denn die Hälfte der Produktlebensdauer ist fast erreicht und die Entwicklung eines neuen Produkts benötigt Zeit und will auch wegen des großen Promotion- und Marketingaufwands gut vorbereitet sein.

Cash Cow

In dieser Phase wird das Umsatzmaximum erreicht und auch die Erträge erreichen jetzt ihren Höchstpunkt. Die Kosten pro Kunde sinken weiter auf ein bisher unerreicht niedriges Niveau. Die Anzahl der Kunden ist nun ebenfalls auf ihrem Höhepunkt angelangt. Die Käufer des Nagellacks setzen sich jetzt nicht mehr nur aus Innovatoren zusammen. Die Mehrheit der weiblichen (und natürlich auch der männlichen) Bevölkerung kennt den Nagellack mittlerweile und viele benutzen das Produkt bereits.

Das strategische Ziel in dieser Phase ist es, den Marktanteil konstant zu halten, um das Gewinnmaximum zu erreichen.

Durch weitere Produktvarianten kann man versuchen, die Kunden der Konkurrenz abzuwerben, was die anderen Mitbewerber jedoch ebenfalls versuchen werden. Der Wettbewerb wird sich also verschärfen.

Dog

Diese Phase zeichnet sich durch abnehmende Umsatzzahlen und rückläufige Gewinne aus. Das Kostenniveau pro Kunde bleibt niedrig und neue Kunden, so genannte Nachzügler, können praktisch kaum noch gewonnen werden.

Die verschärfte Wettbewerbssituation führt zu einem Preiskampf, der zur Folge hat, dass die Produktion schwächerer Produktvarianten wegen mangelnder Rentabilität eingestellt werden muss. Alle Wettbewerber versuchen, ihre Kosten zu senken. Dies kann einerseits durch eine reduzierte Promotiontätigkeit erfolgen, andererseits aber auch durch den gänzlichen Rückzug des Wettbewerbers vom Markt.

Strategisches Ziel in dieser Phase ist, durch Kosteneinsparung in allen Bereichen einen noch akzeptablen Kostendeckungsbeitrag zu erzielen. Kurzfristig ist diese Vorgehensweise sinnvoll, jedoch sind mittelfristig einfach zu viele Ressourcen an dieses Produkt gebunden, sodass ein weiteres Agieren auf diesem Markt unrentabel wäre.

Sofern das Unternehmen kein Nachfolgeprodukt plant, sollte es sich in der nächsten Zeit aus diesem Markt zurückziehen.

Der aufgezeigte Lebenszyklus muss nicht unbedingt so ablaufen wie dargestellt, zumal wir hier den Idealverlauf angenommen haben. Es ist durchaus denkbar, dass sich ein Produkt, das in der Question-Mark-Phase sehr viel versprechend war und sich anschickte, ein Star zu werden, plötzlich und aus einem vielleicht nicht einmal nachvollziehbaren Grund zu einem Dog entwickelt. Eine solche Entwicklung kann auch zum Beispiel durch einen sehr starken Konkurrenten mit einem noch leistungsfähigeren Produkt hervorgerufen werden.

22. Fallstudie: Investmentbanking-Figaro

In einem neu errichteten Bürokomplex (30 Etagen mit je 20 Büros) am Rand von Kapital City residieren in erster Linie Investmentbanken. Das Erdgeschoss soll an Einzelhändler und andere Dienstleister vermietet werden, um den Mitarbeitern der Investmentbanken, die häufig sehr lange arbeiten, eine lokale Grundversorgung zu bieten. Die Immobiliengesellschaft Immoplus, die für das Management des neuen Bürokomplexes verantwortlich ist, tritt an den größten, bereits vertraglich gebundenen Einzelhändler mit dem Angebot heran, in Eigeninitiative einen angrenzenden Raum als Friseursalon zu nutzen. Diese Dienstleistung wird in der näheren Umgebung nicht angeboten. Die monatlichen Kosten für die Pacht würden sich auf Netto 20 000 Mark belaufen, die Investitionskosten auf 500 000 Mark.

Überlegen Sie, ob diese Maßnahme, die aus Sicht des Einzelhändlers eine Geschäftsfelderweiterung darstellen würde, wirklich sinnvoll und umsetzbar ist.

→ *Der Weg zur Lösung*

Diese Aufgabe kann auf der Grundlage verschiedener Ansätze bearbeitet werden. Dem folgenden Lösungsweg liegt das Vier-C-Konzept zugrunde.

In einem ersten Schritt werden die **Kunden (Customers)** betrachtet. Die Zielgruppe setzt sich in erster Linie aus den Mitarbeitern der Investmentbanken zusammen; Besucher sowie Mitarbeiter anderer Gesellschaften, die in den umliegenden Gebäuden arbeiten, werden aus der Kalkulation ausgeschlossen. So ergibt sich aus der Anzahl der Etagen und der Menge der Büros mit einer angenommenen Zahl von zwei Personen je Büro eine Gesamtmitarbeiterzahl von 1200 (= 30 x 20 x 2). Jeder Mitarbeiter geht voraussichtlich einmal im Monat zum Friseur. Allerdings werden nicht alle Mitarbeiter den Friseur im Haus aufsuchen. Geht man davon aus, dass 60 Prozent der Personen diese Dienstleistung in Anspruch nehmen werden, ergibt sich ein Kundenpotenzial von 720 Personen je Monat. Segmentiert man dieses Kundenpotenzial nach dem Geschlecht und legt ein Verhältnis von 60 zu 40 (Männer zu Frauen) wegen des höheren Anteils von Männern im Investmentbanking zugrunde, ergibt sich eine Gesamtzahl von 432 potenziellen männlichen sowie 288 weiblichen Kunden im Monat. Weitere Segmentierungen sind möglich, auf sie wird jedoch verzichtet.

Im Mittelpunkt der kundenorientierten Betrachtung sollten jedoch die kundenspezifischen Bedürfnisse stehen. So haben die Mitarbeiter einer Investmentbank aufgrund ihrer hohen Arbeitsbelastung wenig Zeit für außerbetriebliche Aktivitäten. Deshalb kann davon ausgegangen werden, dass ein Besuch beim Friseur nicht allzu viel Zeit in Anspruch nehmen darf. Diese Kundengruppe erwartet weiter die Möglichkeit einer exakten Terminplanung, die nicht nur telefonisch, sondern auch auf modernen Kommunikationswegen geschehen sollte. Angesichts des Kundenkontakts vieler Banker wird von den Friseuren außerdem eine hochwertige Leistung erwartet. Dafür ist man aber auch bereit, einen höheren Preis für die Dienstleistung zu zahlen.

In einem zweiten Schritt sollten die **wettbewerbsbezogenen Sachverhalte (Competition)** betrachtet werden. So existieren in der weiteren Umgebung Friseursalons, die ihre sehr heterogene Kundschaft in qualitativ unterschiedlicher Form bedienen. In der unmittelbaren Nähe des Bürokomplexes gibt es keinen Wettbewerber. Von Interesse sind in diesem Zusammenhang auch Markteintrittsbarrieren für potenziell neue Wettbewerber. Im neuen Bürokomplex ist kein Raum für einen zweiten Friseur vorhanden. Die Eröffnung eines weiteren Friseurladens würde auch im Hinblick auf die Sicherstellung der Grundversorgung, die die Immobilienmanagementgesellschaft verfolgt, keinen Sinn ergeben. Unter Umständen kann ein Exklusivrecht in den Pachtvertrag aufgenommen werden. Im weiten Umfeld ist der Eintritt neuer Wettbewerber möglich. Aus der Sicht des Einzelhändlers würden Marktaustrittsbarrieren durch die vertragliche Bindung mit der Immobilienmanagementgesellschaft und den Mitarbeitern entstehen. In diesem Zusammenhang müssten die hohen Investitionskosten als Sunk Costs betrachtet werden; zudem wäre beim Marktaustritt der Verkauf des Inventars möglich.

In einem dritten Schritt kann man die **Fähigkeiten (Capabilities)** des Einzelhändlers näher betrachten. Da die Dienstleistung Frisieren nicht zum aktuellen Geschäftsportfolio zählt, liegen zunächst keine besonderen Fähigkeiten vor. Dem Einzelhändler stehen verschiedene Möglichkeiten zur Verfügung, wie zum Beispiel das Outsourcing der Ladeneinheit Friseur. Ebenso ist der eigene Betrieb dieser Einheit möglich, was die Rekrutierung von versierten Mitarbeitern erfordert. Dazu zählt ein Friseurmeister, der unter Umständen die Leitung übernehmen würde, sowie unterschiedlich qualifizierte Fachkräfte. Auf dem Arbeitsmarkt müsste es möglich sein, diese Personen zu finden. Die Betrachtung der Fähigkeiten könnte überdies um viele Aspekte erweitert werden.

Abschließend sollten die **Kosten (Costs)** einer solchen Geschäftsfelderweiterung betrachtet werden. Ein erster Ansatzpunkt sind die fixen Kosten der Pacht von 20 000 Mark pro Monat. Relevant sind auch die Abschreibungen der Investitionskosten von 500 000 Mark. Legt man einen Abschreibezeitraum von zehn Jahren fest, so kann man rund 4167 Mark (= 500 000 : 10 : 12) pro Monat abschreiben. Für Nebenkosten zum Beispiel sowie für sonstige Aufwendungen wie Marketing und Versicherungen können pauschal jeweils rund 1000 Mark pro Monat angesetzt werden.

Einen großen Kostenblock bilden die Personalkosten. So

kann man für den Leiter des Friseursalons mit Personalkosten von 75 000 Mark und für die Fachkräfte mit 55 000 Mark pro Jahr rechnen, inklusive der zusätzlich anfallenden Arbeitgeberleistungen. 720 Kunden pro Monat ergeben verteilt auf 20 Arbeitstage 36 Kunden pro Tag. Sofern ein durchschnittlicher Service am Kunden 30 Minuten dauert, ergibt sich eine Gesamtarbeitsbelastung am Kunden von 18 Stunden pro Tag (= 36 x 30 : 60), die sich auf Öffnungszeiten von 9.00 bis 20.00 Uhr verteilen. Legt man eine tägliche Arbeitszeit von acht Stunden bei den Fachkräften und von vier Stunden beim Salonleiter zugrunde, ergeben sich pro Arbeitstag bei einer benötigten Anzahl von zwei Fachkräften maximal 20 Stunden möglicher Arbeit am Kunden. Insgesamt entstehen Personalkosten pro Jahr in Höhe von 185 000 Mark und im Monat von 15 417 Mark. Weitere mögliche Personalkosten wie Aufwendungen für Weiterbildung und Ausbildung werden in dieser pragmatischen Rechnung ebenso vernachlässigt wie zusätzliche Kosten, die durch Krankheit oder Urlaub von Mitarbeitern und den dadurch bedingten Einsatz von Teilzeitkräften entstehen.

Die Gesamtkosten belaufen sich somit pro Monat auf 41 584 Mark (= 1000 + 1000 + 15 417 + 20 000 + 4167). Bei der Berechnung der Kosten bleiben Faktoren wie Opportunitätskosten sowie Kapitalkosten im Hinblick auf die Reduzierung der Fallstudienkomplexität unberücksichtigt.

Durch die Gegenrechnung der Erlöse ist eine erste Aussage zur Rentabilität dieser geschäftlichen Aktivität möglich. So ergibt sich im Monat bei einem angenommenen Preis von 60 Mark pro männlichem Kunden sowie von 130 Mark pro weiblichem Kunden insgesamt ein Umsatz von 63 360 Mark (= 288 x 130 + 432 x 60). Daraus errechnet sich ein monatlicher Gewinn von 21 776 Mark (= 63 360 – 41 584). Dieses auf sehr pragmatische Weise ermittelte Ergebnis führt zu der Schlussfolgerung, dass ein Engagement des Einzelhändlers möglich und sinnvoll ist.

23. Fallstudie: Zukunftsstrategie im Tonträgermarkt

Die Tonträgerbranche verzeichnete in den letzten Jahren einen stagnierenden beziehungsweise leicht rückläufigen Umsatz auf dem Weltmarkt. Der Gesamtumsatz 1999 betrug knapp 40 Milliarden US-Dollar. Für die Zukunft ist nicht mit einem Wachstum im Bereich des traditionellen Tonträgerhandels, das heißt dem Verkauf von CompactDiscs, Musikkassetten oder anderen Tonträgern über Handel, Club oder Mail Order, zu rechnen. Im Gegenteil, mit der schnellen Zunahme illegaler Musikangebote im Internet und deren ständig steigender Nutzung durch die Konsumenten ist zu erwarten, dass der traditionelle Markt weiterhin rückläufige Tendenzen aufweisen wird.

Der Markt wird von fünf großen Musikunternehmen, den so genannten Major Companies beherrscht. Sie erreichen zusammen einen Marktanteil von etwa 75 Prozent des Weltmarkts.

Alle Major Companies versuchen sich durch Kooperationen im Internet zu etablieren. Jedoch hat bislang kein Unternehmen ein Angebot in digitaler Form bieten können, bei dem der Konsument alle Künstler dieser Firma finden und sich seine Wunschtitel downloaden kann.

Alle Unternehmen wissen, dass durch die illegalen Downloads im Internet (zur Information: Es gibt mehr als 700 000 Websites, die illegal Musik anbieten) eine große Gefahr besteht und dass dringend Handlungsbedarf auf Seiten der Tonträgerindustrie besteht.

Sie werden von einer Major Company als Berater hinzugezogen und sollen eine Strategie für das Unternehmen erarbeiten. Wie könnte diese aussehen?

→ *Der Weg zur Lösung*

Wenn man den traditionellen Markt und seine Entwicklung in den letzten Jahren betrachtet, so stellt er sich aufgrund seiner Rückläufigkeit als wenig interessant dar. Wenn man nun noch die Marktposition der fünf Major Companies (kurz: Majors) berücksichtigen will, so lässt sich die Situation am besten mit Hilfe der BCG-Matrix verdeutlichen.

Die aktuelle Position der Majors wird durch den Kreis im Cash-Cow-Feld verdeutlicht. Das Marktwachstum ist leicht rückläufig und der relative Marktanteil pro Unternehmen beträgt im Mittel etwa 15 Prozent. Damit haben alle einen bedeutenden, aber nicht dominierenden Anteil am Markt. Die Majors müssen sich deshalb nach Differenzierungsmöglichkeiten umsehen. Das Internet als einer der Wachstumsmärkte bietet hierfür die ideale Plattform. Projiziert man nun den vorhandenen relativen Marktanteil der einzelnen Majors bei ihrem Internetauftritt auf den neuen Markt, was durchaus realistisch ist, so stellt sich die Situation für die Unternehmen schon ganz anders dar. Mit dieser Marktposition in einem Wachstumsmarkt erreicht man eine Star-Position.

Die Frage, ob man wirklich die relative Marktposition so einfach übertragen kann, ist zu bejahen, da man sich zwar in einem neuen Markt bewegt, aber mit einem bewährten Produkt. Wenn ein Produkt im traditionellen Markt erfolgreich ist, wird es sehr wahrscheinlich (geringe Abweichungen werden vernachlässigt) auch im neuen Markt erfolgreich sein. Es geht in beiden Fällen um den gleichen Inhalt, nämlich die Musik, und diese dient jeweils in identischer Form der Bedürfnisbefriedigung des Konsumenten.

Geht man nun einen Schritt weiter und lässt die Major Companies eine gemeinsame Strategie verfolgen, so erhöht sich ihr relativer Marktanteil, während das Marktwachstum konstant bleibt, das heißt, ihre Position innerhalb des Star-

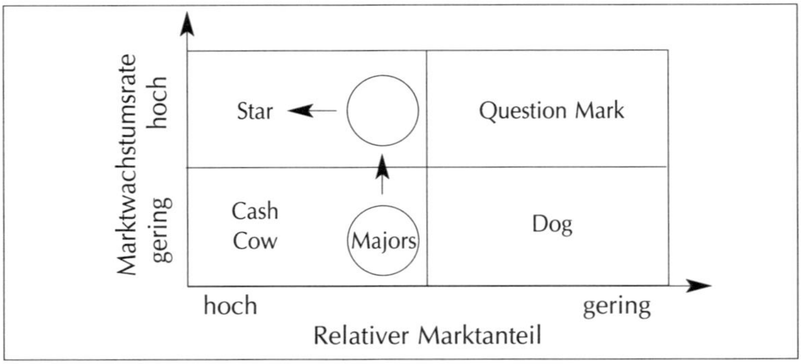

BCG-Matrix angewandt auf die Tonträgerindustrie

Felds verbessert sich (kenntlich gemacht durch den Pfeil in Richtung Star).

Der Schritt in den neuen Wachstumsmarkt (Internet) ist für die Tonträgerunternehmen also zu befürworten, da nur dort langfristig ein nachhaltiges Marktwachstum erreichbar ist. Außerdem verbessert sich die Position aller Unternehmen, wenn sie kooperieren, wodurch sie zusätzlich Kosten sparen würden.

Wie könnte dieser gemeinsame Weg aussehen?

Gingen die Tonträgerunternehmen in Zukunft einen Schritt weiter, als sie es bisher im traditionellen Markt getan haben und integrierten die Handelsstufe vertikal in ihr System, so würden sich völlig neue Dimension für die Tonträgerindustrie eröffnen:

- Man könnte die Handelsspanne von 20 bis 25 Prozent einbehalten und somit die Gewinnspanne pro Titel erheblich steigern.
- Man hätte zum ersten Mal einen direkten Kontakt zum Endverbraucher. Dies hätte den Vorteil, dass man die Kunden zielgruppengerecht über neue Veröffentlichungen informieren könnte.
- Man kontrolliert selbst die Verkaufspreise und kann auf diese Art und Weise einer Verramschung von Musik ent-

gegenwirken, wie dies zurzeit im traditionellen Handel mit Lockangeboten einiger großer Elektrofachhändler der Fall ist.

Die vertikale Integration im Internet ermöglicht diese Überlegung zum ersten Mal, ohne dass dabei das Problem der geografischen Lage der Handelsniederlassung gelöst werden müsste. Beim traditionellen Handel war bei der vertikalen Integration die Hürde des Standorts unüberwindbar hoch. Dies ist im Internet nicht der Fall. Es spielt keine Rolle, wo sich der Internetauftritt befindet, da weltweit alle Internetanwender fast gleich schnell darauf zugreifen können. Das bedeutet, dass man theoretisch mit einem einzigen Auftritt den gesamten Weltmarktbedarf an digitaler Musik decken und vor allem kontrollieren könnte.

Warum sollte man also den Handel nicht komplett ausschließen und als alleiniger Anbieter auftreten? Wie könnte die Realisierung aussehen?

Eine Fusion aller Major Companies ist auszuschließen, da das Kartell einen solchen Zusammenschluss nicht genehmigen würde. Aber man könnte gemeinsam einen so genannten Internet-Distributions-Dachverband gründen. Dieser wäre für den Vertrieb aller im Katalog der Major Companies befindlichen musikalischen Werke über das Internet zuständig.

Der Dachverband arbeitet ohne Gewinnerzielungsabsicht, er vertreibt lediglich das Produkt seiner Mitglieder. Dies würde sich nicht nur auf die Majors beschränken. Langfristig könnten sich die gesamten Tonträgerunternehmen dieser Vertriebsvariante anschließen, da sie die höchste Rendite für alle bedeutet.

Die Anfangsinvestitionen in Personal, Struktur und Promotionkampagne müssten von den Initiatoren (wahrscheinlich den Majors) getragen werden. Sobald die ersten interessanten Verkaufszahlen erreicht sind, werden die Kosten, die der Dachverband verursacht, anteilig auf die Tonträgerunternehmen umgelegt.

Wenn die gesamten Betriebskosten des Dachverbands für ein Geschäftsjahr 50 Millionen Mark betragen und in diesem Zeitraum 500 Millionen Titel heruntergeladen worden wären, bedeutet das pro heruntergeladenem Titel einen Betrag von 0,10 Mark (50 000 000 : 500 000 000 = 0,10). Hat also eine Plattenfirma über den Dachverband 25 Millionen Titel innerhalb eines Jahres vertrieben, so muss sie 2 500 000 Mark (= 25 000 000 x 0,10) der Kosten des Dachverbands tragen.

Die Überprüfung und Abrechnung der Vertriebszahlen sollten schon mit einer handelsüblichen Software ohne größere Probleme möglich sein.

Der Vorteil des Dachverbands läge darin, dass keinerlei kartellrechtliche Probleme zu erwarten sind, da die Tonträgerunternehmen weiterhin um Marktanteile konkurrieren und lediglich einen gemeinsamen Vertriebsweg nutzen. Außerdem ist bei dieser Struktur gewährleistet, dass die Mitglieder des Dachverbands, also die Tonträgerunternehmen, auf eine schlanke Kostenstruktur achten.

Der große Vorteil für die Konsumenten besteht darin, dass es nur eine Seite gibt, auf der die gesamte, in digitaler Form vorhandene Musik zu finden ist. Langes Suchen würde damit der Vergangenheit angehören. Was nicht auf dieser Seite zu finden ist, gibt es nicht.

Ein weiterer Vorteil für die Tonträgerindustrie besteht bei dieser neuen Vertriebsvariante darin, dass sie auf die bisher üblichen Tonträgerformate (Single und Alben) nicht verzichten muss. Da man alleiniger Anbieter bleibt, könnte man den Konsumenten diese Formate auch weiterhin aufzwingen. Dadurch läuft man also nicht Gefahr, dass Teile eines Albums unverkäuflich sind, was bei Vertriebswegen über Internethändler beim Download einzelner Titel durchaus zu erwarten wäre. Denn hierbei werden die Konsumenten einzelne Titel herauspicken können.

Über kurz oder lang werden sich bei konsequenter Umsetzung dieser Vertriebsvariante durch die Major Companies die kleineren bis mittelgroßen Tonträgerunternehmen diesem Konzept anschließen. Aus kartellrechtlicher Sicht sollte der Dachverband offen sein für alle Tonträgerunternehmen. Vorteil für kleinere Tonträgerunternehmen ist die Renditesteigerung (durch den Wegfall des Handels); für die Majors bedeutet die Aufnahme neuer Firmen eine weitere spezifische Kostensenkung im Dachverband. Die sich aus dem Dachverband ergebenden Möglichkeiten gehen aus der folgenden Modellrechnung hervor.

Die Handelsspanne beträgt zurzeit etwa 20 bis 25 Prozent. Betrachtet man nun den Weltmarkt mit einem Umsatzvolumen von 40 Milliarden US-Dollar und geht davon aus, dass sich wegen des neuen Wachstumsmarkts Internet das Gesamtmarktvolumen bis zum Jahr 2010 auf 50 Milliarden US-Dollar erhöht, dann erscheint ein Anteil von angenommenen 2/5, der zu diesem Zeitpunkt auf den Internetmarkt entfällt, nicht als zu hoch gegriffen. Das bedeutet, dass rund 20 Milliarden US-Dollar über den Internethandel im Jahre 2010 umgesetzt würden. Betrachtet man nun noch die auf diesem Betrag basierende Händlerspanne von 20 bis 25 Prozent, so ist dies nochmals ein Betrag von 4 bis 5 Milliarden US-Dollar. Dieser Betrag übersteigt die Kosten für den Dachverband um ein Vielfaches. Da die Tonträgerunternehmen die Preise ihrer Produkte beim Dachverband selbst bestimmen können, haben sie die Möglichkeit, die Differenz sich selbst einzuverleiben oder auch an die Konsumenten in Form von Preisnachlässen weiterzureichen.

Dies hat ebenso zur Folge, dass der Betrag pro heruntergeladenem Titel über den Dachverband verschwindend gering sein wird; somit ist diese Variante auch für kleinere Unternehmen eine renditeerhöhende Vertriebsalternative.

Problematisch bei der Umsetzung dieses Modells ist die genaue Bezifferung der Anfangsinvestitionssumme und die Abschätzung, zu welchem Zeitpunkt rentable Download-Zahlen erreicht werden können. Dies zu erörtern würde hier aber zu weit gehen und ist wohl eher bei der umfassenden Erstellung eines Business-Planes zu berücksichtigen.

Außerdem ist die aggressive Vorgehensweise gegen illegale Musikverbreitung im Internet notwendig. Die Musikindustrie muss diese Bemühungen noch weiter intensivieren, um eine größere positive Resonanz auf ein legales Musikangebot im Internet zu erreichen.

V. Kreativität

24. Fallstudie: Bank im Kaufhaus

Seit geraumer Zeit denken Banken darüber nach, wie sie ihr Filialnetz verkleinern können. In diesem Zusammenhang wird überlegt, ob und wie man von Branchen mit einer ähnlichen Struktur profitieren könnte. Mögliche Kooperationspartner sind Kaufhäuser, Supermärkte und andere Geschäfte, die ihre Produkte über Filialen vertreiben. Die Bank MoneyMachine hat erfolgreich entsprechende Kooperationsgespräche mit der Kaufhauskette AllSales geführt und will nun einen Pachtvertrag für Räumlichkeiten in einem Pilotkaufhaus in der Innenstadt (nahe der bisherigen Bankfiliale) von TestTown ausarbeiten. Sie als Berater der GetItAll-Consult werden beauftragt, eine Liste mit Aspekten, die im Vertrag enthalten sein sollten, aufzustellen.

→ *Der Weg zur Lösung*

Position: Die Bank ist daran interessiert, für ihre Kunden sichtbar und leicht erreichbar zu sein. Ein Kunde, der nur Bankgeschäfte zu erledigen hat, soll nicht gezwungen sein, bis in die oberste Etage eines ihm möglicherweise unbekannten Kaufhauses vorzudringen, um dort in irgendeiner Ecke seine Bankfiliale vorzufinden. Deshalb sollte im Vertrag enthalten sein, wo im Kaufhaus die Filiale positioniert wird. Zu empfehlen ist hier eine ebenerdige, zentrale Lage. Falls das Kaufhaus einen Haupteingang hat, sollte die Filiale idealerweise in der Nähe davon sein.

Räumlichkeiten: Bankgeschäfte sind in der Regel vertrauliche Angelegenheiten. Außerdem müssen bei Bargeldtransaktionen Sicherheitsvorkehrungen getroffen sein. So muss es der Bank gestattet sein, entsprechende Stellwände (Sichtschutz) und Kabinen (Sicherheit) zu errichten. Sie sollte sich im Klaren sein, wie die neue Filiale gestaltet wird und sollte alle Umbauvorhaben im Vertrag nennen.

Bau- und Umbaumaßnahmen: Die Bank MoneyMachine hat das Kaufhaus AllSales ausgesucht, weil es wegen seiner modernen Architektur und Kundenstruktur genau den Vorstellungen der Bank entspricht. Werden allerdings bauliche Veränderungsmaßnahmen durchgeführt, so können sich diese Gegebenheiten ändern. Das kann schon bei Abteilungsverschiebungen der Fall sein. Eine Abteilung wie exklusive Damen- oder Herrenmoden ermöglicht eine seriöse Atmosphäre, sehr zum Gefallen der Bank. Werden Abteilungen verschoben, sodass sich die Bank plötzlich inmitten von Sportartikeln oder Computerspielen befindet, kann dies für die Bank geschäftsschädigend sein. Deshalb sollte im Vertrag ein Mitspracherecht bei allen Bau- und Umbaumaßnahmen des Gebäudes enthalten sein.

Standort: Die Filiale von AllSales liegt in direkter Nachbarschaft zur alten Filiale von MoneyMachine, sodass die Kunden zur neuen Filiale nur ein wenig weiter laufen müssen. An einem Umzug hat die Bank also kein Interesse. So gilt der Kooperationsvertrag nur für den aktuellen Standort. Ein eventueller Umzug der AllSales-Filiale sollte für die nächsten X Jahre ausgeschlossen und gegebenenfalls mit der Vorlaufzeit von einem Jahr angekündigt werden.

Produktpalette: Die von AllSales angebotene Produktpalette spricht sehr genau das Zielsegment von MoneyMachine an. Ähnlich wie bei den Umbaumaßnahmen sollte Money-

Machine auch ein Mitspracherecht bei gravierenden Veränderungen in der Produktpalette eingeräumt werden.

Werbung: Die Kooperation ermöglicht beiden Unternehmen, gemeinsam zu werben. Allerdings darf kein Unternehmen in der eigenen Werbung den Namen des Partners nennen, ohne dies vorher abgesprochen zu haben.

Pachtpreis: Ein Kaufhaus wird täglich von weit mehr Kunden besucht als eine Bankfiliale. Deshalb ist anzunehmen, dass MoneyMachine stärker von der Kooperation profitiert als AllSales. MoneyMachine wird also einen Pachtpreis pro Quadratmeter an AllSales entrichten. Gegebenenfalls kann eine umsatzabhängige Zusatzleistung vereinbart werden.

Kündigung: Entsprechend einem herkömmlichen Pachtvertrag muss eine Kündigungsfrist vereinbart werden, die für beide Parteien bindend ist. Bei Vertragsbruch einer Seite kann die andere Partei fristlos kündigen.

Exklusivität: MoneyMachine erhofft sich durch die Umstrukturierung des Filialnetzes einerseits Kosteneinsparungen, andererseits will man den Kunden einen Zusatznutzen bieten, indem diese die Bankgeschäfte mit dem normalen Einkauf verbinden können, ohne einen Ortswechsel vorzunehmen. Um hier das Besondere zu wahren, ist MoneyMachine nicht daran interessiert, sich die Etage mit drei anderen Banken zu teilen. Aus diesem Grund ist in dem Kooperationsvertrag die Exklusivität ein enorm wichtiger Bestandteil. So wird MoneyMachine garantiert, die einzige Bank in AllSales zu sein und zu bleiben.

Jeder dieser Punkte muss nun im Detail ausgearbeitet werden, weshalb die Unterlagen an einen Juristen weitergegeben werden.

25. Fallstudie: Der Wissensbonus

Wissensmanagement ist mittlerweile zu einem Modewort in Theorie und Praxis geworden. Unternehmen versuchen, das vorhandene Wissen optimal zu nutzen und konstruktiv im operativen Geschäft einzusetzen. Dies impliziert, dass jeder Mitarbeiter sein Wissen den Kollegen zur Verfügung stellt, und zwar so, dass es gut verständlich, strukturiert und leicht wieder zu verwenden ist. Doch nicht immer geben die »Wissenden« gerne ihre kostbarste Ressource weiter. Der Einzelne verspricht sich möglicherweise Vorteile davon, sein Wissen für sich zu behalten und es bei Gelegenheit selbst zur Verbesserung der eigenen Performance einzusetzen. Ein ständiger Wissensfluss durch das Unternehmen ist wünschenswert. Anfangs kann es förderlich sein, diesen Fluss durch ein entsprechendes Kompensationsschema zu forcieren. Deshalb werden Sie von der unabhängigen Wissenskommission beauftragt, ein konzeptionelles Gerüst für ein wissensorientiertes Vergütungssystem zu erstellen. Der Wissensbonus ist die Belohnung der Mitarbeiter für einen Umgang mit Wissen, der dem vom Unternehmen gewünschten Verhalten entspricht.

→ *Der Weg zur Lösung*

Das Vergütungssystem wird zunächst in eine quantitative und eine qualitative Komponente unterteilt:

Quantitative Komponente
Nach Abschluss von Projekten werden die Erkenntnisse und Ergebnisse, die während der Projektarbeit gewonnen wurden, in Berichten schriftlich festgehalten und in einer Datenbank abgelegt. Für den Projektbericht werden Schlagwörter definiert. Außerdem werden die am Projekt beteiligten Per-

Wissensbonus

Quantitative Komponente	*Qualitative Komponente*
Bemessungsgrundlage: 1. Anzahl der Anfragentreffer	Bemessungsgrundlage: 1. Relevanz 2. Verständlichkeit 3. Anwendbarkeit

Komponenten des Vergütungssystems

sonen, gegebenenfalls mit Nennung der jeweiligen Teilaufgabe, in dem Bericht aufgeführt. Wird also die Datenbank nach einem bestimmten Schlagwort durchsucht, stößt der Suchmechanismus automatisch auf entsprechende Berichte. Der Suchende kann nun den Inhalt der Berichte als Grundlage für die eigene Problemlösung verwenden und zusätzlich die Spezialisten für das jeweilige Gebiet kontaktieren. Über einen so genannten Counter (Zählwerk) lässt sich festhalten, wie oft ein Projektbericht bei der Datenbankrecherche getroffen wurde. An dieser Zahl wird die Relevanz des Berichts gemessen, was sich wiederum als Bonus für den Verfasser niederschlägt. Dieses System kann allerdings dazu führen, dass vom Verfasser möglichst viele Schlagwörter angegeben werden, damit der Bericht selbst bei einer Anfrage zu einem weit entfernten Thema gefunden wird, was zeigt, dass die rein quantitative Komponente als alleinige Grundlage für ein entsprechendes Bonussystem keinesfalls ausreicht.

Qualitative Komponente

Der quantitativen Komponente sollte sowohl bei Datenbankabfragen als auch bei direkten persönlichen Anfragen eine qualitative Komponente hinzugefügt werden. Es darf nicht nur die Anzahl der Anfragen beziehungsweise der Datenbanktreffer entscheidend für die Höhe des Wissensbonus sein, sondern es müssen auch die Antworten beziehungsweise die Inhalte der Projektberichte bewertet werden. Wissen ist subjektabhängig und kontextbezogen und kann nur von demjenigen bewertet werden, der es anwendet, da es für jeden einen anderen Wert hat. Die Bewertung könnte dadurch erfolgen, dass jeder Mitarbeiter eine bestimmte Anzahl von Wissenspunkten erhält, mit denen er Projektberichte oder Antworten von Kollegen bewertet. Kriterien hierfür könnten unter anderem die Folgenden sein:

- Relevanz
- Verständlichkeit
- Anwendbarkeit

Zur Vergabe von Wissenspunkten müssen allerdings Anwendungsrichtlinien festgelegt werden, damit eine Vergleichbarkeit gewährleistet ist. Dies verhindert, dass für einen Mitarbeiter die Vergabe von beispielsweise fünf Punkten schon eine große Auszeichnung bedeutet, während dieselbe Zahl von Punkten von einem anderen Mitarbeiter schon für die kleinste Auskunft vergeben wird. Die Richtlinien können unter anderem folgende Dimensionen definieren:

Minimal- und Maximalpunktzahl pro Kollege: Man darf jedem Kollegen oder jedem Projektbericht, dem man Punkte zukommen lässt, nur eine in dieser Spanne liegende Anzahl von Punkten zuweisen.

Minimal- und Maximalzahl an bepunkteten Kollegen: Man darf seine Punkte insgesamt nur an eine bestimmte Anzahl von Kollegen vergeben. In Verbindung mit der erstgenannten Richtlinie stellt dies sicher, dass nicht zu vielen Kollegen eine zu kleine Zahl von Punkten oder zu wenigen Kollegen eine zu große Zahl von Punkten gewährt wird. Hierdurch ist die Verhältnismäßigkeit gewahrt und eine gewisse Vergleichbarkeit sichergestellt.

Minimal- und Maximalzeitrahmen für Bewertung und Gültigkeit der Punkte: Es muss festgelegt sein, welcher Zeitraum bewertet wird und wie lange die Punkte Gültigkeit haben. Es empfiehlt sich, die Zeiträume nicht zu groß zu wählen, da sich die Mitarbeiter oft nicht mehr an vor Monaten geleistete Hilfestellungen erinnern können und die Wissenstransaktionen der nahen Vergangenheit wahrscheinlich höher bewerten. Der Zeitraum von einem Monat scheint geeignet.

Bewertungszeitpunkt: Je kürzer der Bewertungszeitraum gewählt wird, desto höher ist die Wahrscheinlichkeit, dass sich Hilfestellungen oder Kooperationen über zwei Bewertungsperioden erstrecken. Entweder muss es möglich sein, eine gewisse Punktzahl mit in die nächste Periode zu nehmen (hierfür muss allerdings eine möglichst geringe Höchstpunktzahl festgelegt werden) oder es wird als Bewertungszeitpunkt das Ende der Zusammenarbeit (also nach Abschluss aller Wissenstransaktionen) festgelegt.

Minimalzahl an insgesamt vergebenen Punkten: Zur Sicherstellung vergleichbarer Maßstäbe muss eine Mindestanzahl an Punkten vergeben werden. Dies verhindert deflationäre Tendenzen, das heißt, dass sich Mitarbeiter bei der Vergabe von Punkten zu sparsam verhalten. Falls ein Mitarbeiter aber an keinerlei Wissensmarkt-Transaktionen beteiligt war, somit also im Bewertungszeitraum völlig selbstständig gearbeitet hat, sollten hierfür Ausnahmen erlaubt sein. Dies verhindert die willkürliche Vergabe von Punkten.

Ein solches Verfahren ist natürlich nur dann sinnvoll, wenn es von allen beteiligten Mitarbeitern aufrichtig und wahrheitsgemäß angewendet wird. So dürfen für die Punktvergabe Kriterien wie Sympathie und Freundschaft keine Rolle spielen. Die Punktvergabe sollte vielmehr als eine Art Dank für eine konkrete Hilfeleistung und Unterstützung betrachtet werden. Um eine der Intention entsprechende Anwendung zu garantieren, muss das Anreizsystem von den Beteiligten akzeptiert werden. Dafür müssen die Mitarbeiter das Verhältnis zwischen ihrer eigenen Arbeitsleistung, also dem

Teilen von Wissen, und dem dafür erhaltenen Bonus als gerecht empfinden. Außerdem ist es erforderlich, dass den Organisationsmitgliedern die interne Logik und die Bemessungsgrundlagen vorher bekannt sind. Bei der Entwicklung eines entsprechenden monetären Vergütungssystems durch die Human-Resource-Abteilung sollten Mitarbeiter, Wissensgeber wie Wissensnehmer, mit eingebunden werden. Von Unternehmensseite muss dennoch zunächst eine Wirtschaftlichkeitsrechnung aufgestellt werden, die sicherstellt, dass die Kosten (gewährte Boni) nicht die durch regen Wissensaustausch entstandenen Vorteile übersteigen. Die Erträge eines funktionierenden Wissensverkehrs lassen sich allerdings quantitativ nur schwer ausdrücken und können lediglich geschätzt werden.

Die Vergabe der Punkte wirkt als umfassendes Kontrollsystem für den gesamten Wissensverkehr im Unternehmen. Hierdurch lässt sich erkennen, zwischen welchen Bereichen intensiv Wissen ausgetauscht wird und welche Abteilungen nur geringfügig am Wissensaustausch teilnehmen. Dies erlaubt dem Management Schlüsse darüber, in welchen Bereichen verstärkt wissensbezogene Interventionen erforderlich sind.

Der Wissensbonus darf allerdings nicht überschätzt werden. Die meisten Mitarbeiter eines Unternehmens werden am besten durch immaterielle Anreize wie Anerkennung durch Kollegen, Möglichkeiten weiterzulernen oder durch große Freiräume motiviert. Somit stellt das Wissenspunktsystem zur Bestimmung des Wissensbonus nur eine Art Subvention für den ansonsten durch immaterielle Kräfte und Anreize vitalisierten Wissensaustausch im Unternehmen dar. Wie Subventionen für kränkelnde Branchen kann auch diese Wissensverkehr-Subvention langfristig reduziert oder sogar abgeschafft werden, wenn ein entsprechendes Verhaltensmuster (Wissensteilen) durch das Vergütungssystem ausgebildet wurde und sich im Unternehmen etabliert hat.

26. Fallstudie: Gründung einer studentischen Unternehmensberatung

Sie haben in kurzer Zeit Ihr Studium mit guten Leistungen beendet und arbeiten in einer Unternehmensberatung. Ihr jüngerer Bruder studiert im sechsten Semester BWL und ist von Ihren Erzählungen aus der Berufswelt so begeistert, dass er schon während des Studiums eine studentische Unternehmensberatung gründen möchte. Um möglichst wenig Fehler zu machen, fragt er Sie bei einem Bier, ob Sie ihm das Vorgehen kurz skizzieren können.

➜ *Der Weg zur Lösung*

Das folgende Vorgehensmodell orientiert sich in modifizierter Form an den Inhalten eines Businessplans.

Gruppenzusammensetzung:
Zunächst gilt es, eine kleine Gruppe von Partnern zu finden. Eine Gruppengröße von zwei bis vier Studenten erscheint für die Koordination und die Entscheidungsfindung als günstig. Die Partner müssen äußerst zuverlässig sein, großes Potenzial aufweisen und hohe Motivation mitbringen. Darüber hinaus ist es von Vorteil, wenn die Gruppe verschiedene Studienschwerpunkte und damit heterogene Kompetenzen hat. Die Gründung einer studentischen Beratung stellt an die Gruppe sehr vielseitige Anforderungen. Man muss sich intern in Bezug auf die eigene Organisation und extern bei der Beratung von Kunden oftmals mit allen Bereichen der BWL (wie Finanzen, Steuern, Personal, Marketing oder Planung) auseinander setzen. Heterogenität ist auch vorteilhaft im Hinblick auf die gesammelte Praxiserfahrung (durch Ausbildung oder Praktika). Die Kunden werden aus verschiedenen Industrien kommen und Erfahrung

in der jeweiligen Industrie kann für den Projekterfolg wichtig sein. Natürlich sollte mindestens ein Mitglied der Gruppe bereits Erfahrung in einer Unternehmensberatung gesammelt haben.

Rechtsform:
Es bieten sich grundsätzlich drei verschiedene Rechtsformen an, die jeweils Vor- und Nachteile aufweisen:

Eingetragener Verein (e.V.): Diese Rechtsform ist mit sehr geringen Kosten verbunden. Um einen Verein gründen zu können, muss eine Mindestpersonenzahl vorhanden sein. Darüber hinaus muss die Gruppe eine Vereinssatzung ausarbeiten und sich in das Vereinsregister eintragen lassen. Der Verein hat für die Gründer den Nachteil, dass der Vereinsvorstand gewählt wird und so die Gründer früher oder später unfreiwillig verdrängt werden können. Außerdem ist ein Verein jedem frei zugänglich, sodass die Gründer die Mitglieder nicht nach ihren Qualitätsstandards auswählen können. Der Vorteil des Vereins kommt zum Tragen, wenn die Gründer ihr Studium beenden und die Unternehmensberatung durch andere Studenten weitergeführt werden soll. Der Verein hat allerdings keine Gewinnerzielungsabsicht; deshalb muss für jedes Projekt eine eigene GbR mit den Projektteilnehmern als Gesellschaftern gegründet werden.

Gesellschaft bürgerlichen Rechts (GbR): Die GbR ist die einfachste Form einer Firma mit mehreren Gesellschaftern. Es fallen pro Gesellschafter (Teilhaber) geringe Anmeldegebühren beim Gewerbeamt an. Die Gesellschafter müssen einen Gesellschaftsvertrag abschließen. Der Vorteil der GbR ist der geringe bürokratische Aufwand und die große Flexibilität. Bei Gründung weiß keiner, ob die Idee Erfolg hat oder wie lange die Firma bestehen wird. Eine GbR lässt sich bei Misserfolg schnell und leicht wieder auflösen. Als Problem kann sich allerdings erweisen, dass die GbR als Firma keine juristische Person ist und die Gesellschafter somit nicht nur mit ihren Einlagen, sondern auch mit ihrem Privatvermögen haften. Diese Gefahr kann in den Verträgen mit den Kunden ausgeschlossen werden, indem dort niedergeschrieben wird, dass die studentische Beratung nur Ratschläge gibt, die vom Kunden nicht ungesehen umgesetzt werden sollten, und somit keine Haftung übernimmt. Eine solche Klausel sollte im Ernstfall allerdings nur mit intensiver juristischer Beratung formuliert werden.

Gesellschaft mit beschränkter Haftung (GmbH): Bei der GmbH haften die Gesellschafter im Gegensatz zur GbR nur mit den erbrachten Einlagen, sodass das Privatvermögen unangetastet bleibt. Bei der Gründung entstehen jedoch höhere Kosten. Als Grundkapital müssen 50 000 Mark nachgewiesen werden, von denen 25 000 Mark eingezahlt werden müssen. Dies kann für Studenten eine Hürde sein. Die GmbH wirkt jedoch nach außen hin seriöser als die anderen beiden Rechtsformen.

Produkt/Branche:
Das Produkt der Gruppe ist allgemein die Beratung von Unternehmen. Hierfür müssen zunächst intern die eigenen Kompetenzen definiert werden. Das bedeutet nicht aufzuschreiben, welches Fachwissen der Einzelne im Studium erworben hat, sondern festzustellen, in welchen Unternehmensbereichen man gemeinsam konstruktiv beraten kann. Die Glaubwürdigkeit nach außen ist hierbei mit entscheidend. Kein Unternehmen wird einer Gruppe von Studenten zutrauen, einen Merger oder eine Akquisition durchzuführen. Deshalb sollte sich die Gruppe Beratungsschwerpunkte überlegen, die auch ohne jahrelange Berufserfahrung und ohne das Zurückgreifen auf weltweites Firmenwissen mit hoher Qualität realisierbar sind. Man kann sich am Anfang leichter als Spezialist auf dem Markt etablieren; der studentische Alleskönner kann unseriös wirken. Deshalb ist es sinnvoll, betriebswirtschaftliche Schwerpunkte zu setzen

und gegebenenfalls auch die zu beratenden Branchen einzuschränken. Das Produkt- und Branchenspektrum richtet sich nach der Zusammensetzung der Gruppe und kann bei Bedarf auch neu definiert oder erweitert werden.

Marketing:
Zunächst sollte die studentische Beratung möglichst in Verbindung mit einer Werbeagentur eine Broschüre entwerfen, die die Gruppe und die angebotenen Dienstleistungen vorstellt. Diese Broschüre kann wie eine Visitenkarte (oder in Verbindung mit einer solchen) bei Veranstaltungen oder bei jeglicher Art von Kontaktstellen ausgegeben werden.

Für die spätere Beratungstätigkeit kann es sinnvoll sein, ideelle Unterstützung von Förderern (Business Angels) zu erhalten. Man stellt sich und die Gründungsidee verschiedenen Interessengruppen (wie Professoren, Unternehmen, Politik) vor und kann von diesen dann wertvolle Ratschläge oder Empfehlungen erhalten. Möglicherweise finden sich hierbei erste Projekte.

Eine große Herausforderung beim Auftreten nach außen ist, Glaubwürdigkeit herzustellen. Die Gründung muss bekannt gemacht werden. Hierfür gibt es verschiedene Möglichkeiten, die in Kombination angewendet werden sollten. Die Universitäten stellen sich gerne als besonders innovativ oder gründungsfördernd dar. So kann die studentische Beratung auf Veranstaltungen der Universität vorgestellt werden. Die Industrie- und Handelskammer (IHK) sieht gerne zukunftsträchtige Neugründungen und erreicht über die kammereigene Zeitschrift eine Vielzahl potenzieller Kunden. Auch in Regionalzeitungen oder -zeitschriften können entsprechende Artikel verfasst werden. Eine weitere Möglichkeit bietet das Direktmarketing, indem die Gruppe proaktiv Unternehmen anschreibt und seine Dienstleistung anbietet. Hierbei sollten die adressierten Unternehmen jedoch sehr genau ausgesucht werden. Man sollte sich vorher über die Struktur, die Produkte und die möglichen Probleme des Unternehmens informieren. Darüber hinaus müssen Wege gefunden werden, dass ein solcher Brief an den gewünschten Adressaten gelangt und nicht schon im Vorzimmer in den Papierkorb wandert.

Leitung/Gründer

Die Gründer sollten zunächst genaue Verantwortlichkeiten definieren. Ein solches Vorhaben funktioniert nur, wenn jeder weiß, was er zu tun hat, und sich eine Teilgruppe nicht um alles kümmern muss. Der Prozess der Entscheidungsfindung sollte ebenfalls genau definiert werden. Bei dem Prinzip der Einstimmigkeit können Ideen durch eine Person blockiert werden, bei Mehrheitsentscheidungen kann es vorkommen, dass die Arbeit an den Befürwortern einer Idee hängen bleibt. Die Gruppe muss hier versuchen, sich professionell zu verhalten und über mögliche persönliche Differenzen hinwegzusehen.

Dreijahresplanung

Ein wichtiger Punkt ist die Zukunftsplanung: Wenn die studentische Beratung in den Semesterferien das Konzept erarbeitet, hat jeder ausreichend Zeit. Wie wird jedoch während des Semesters gearbeitet oder gar in einer Klausurperiode? Bei jeder professionellen Beratung heißt es: »Der Kunde ist König«. Verlängert sich unerwarteterweise ein Projekt, müssen die Mitglieder das Studium und die Beratung miteinander in Einklang bringen. Hierfür sollten verschiedene Szenarien entwickelt werden.

Im Lauf der Zeit wird vermutlich die Anzahl der Projekte steigen. Es kann vorkommen, dass mehrere Projekte gleichzeitig zu bearbeiten sind. Hierfür reicht gegebenenfalls die ursprüngliche Gruppengröße nicht mehr aus. Es erscheint daher sinnvoll, einen Pool von Studenten als potenzielle Mitarbeiter anzulegen. Diese sollten sorgfältig nach definierten Mindestanforderungen (Semesterzahl, Vordiplomnote, Berufserfahrung) und Kompetenzen ausgesucht werden. Der Pool kann Studenten aus allen Fachbereichen enthalten. Bei einem Projekt kann ein angehender Informatiker, bei einem anderen ein Psychologiestudent (beispielsweise für ein Organisationsentwicklungsprojekt) benötigt werden. Bei Bedarf wird das Anforderungsprofil für die zu besetzende Stelle mit den Fähigkeitsprofilen der Poolmitglieder abgeglichen. So können weitere Studenten als freie Mitarbeiter mit eingebunden werden. Für diese Studenten ist dies eine lukrative Art, Beratungserfahrung zu sammeln.

Später können auch einzelne Kompetenzzentren definiert werden. Wenn bestimmte Mitarbeiter oder Gesellschafter vermehrt in einer Branche oder einem Funktionsgebiet Kunden beraten haben, so können diese einem solchen Bereich als Spezialisten vorstehen. Gerade im Rahmen derartiger »Führungspositionen« sollte allerdings eine gewisse Konstanz gewahrt werden. Möglicherweise ist es hierfür notwendig, für ein Praxissemester mit dem Studium zu pausieren.

Kapitalbedarf

Der Kapitalbedarf richtet sich stark nach der gewählten Rechtsform. Eine gewisse technische Grundausstattung wie Laptop, Drucker, Fax und Ähnliches muss, falls noch nicht vorhanden, angeschafft werden. Zu Beginn kann die Planung in Privatwohnungen erfolgen. Dennoch sollte die Gruppe entscheiden, ob und ab wann Büroräume und eine Bürokraft notwendig werden. Viele Universitäten bieten hierfür in Gründerzentren kostengünstige Möglichkeiten. Dies betrifft allerdings den eher längerfristigen Kapitalbedarf.

Wie die oben beschriebenen Teilbereiche konkretisiert werden, muss im Einzelfall entschieden werden. Dies richtet sich nach den persönlichen Vorstellungen und Kompetenzen der Gruppe und dem geplanten Zeithorizont. Es ist allerdings zu empfehlen, in der Anfangsphase eher eine Idee zweimal zu überdenken, als vorschnell und damit unprofessionell zu handeln. Jedes Schriftstück an einen externen Adressaten vertritt die Gruppe nach außen und wirft ein positives oder - bei unsauberer Arbeit - ein negatives Bild auf die Nachwuchsberatung. Für die gesamte Konzeption der studentischen Beratung sollte sich die Gruppe Zeit lassen, um etwas Solides und Dauerhaftes zu schaffen.

27. Fallstudie: Bleistiftfunktionalität

Wozu kann man einen Bleistift außerhalb seiner normalen Funktionen verwenden?

Anmerkung: Die folgende Aufgabe ist kein klassischer Business Case. Mit der Aufnahme dieser Fragestellung in die Reihe soll der Leser darauf vorbereitet werden, dass auch mitunter solche Fragen zu beantworten sind, die im ersten Moment unsinnig erscheinen. Hierbei sollen Kreativität und Spontaneität des Bewerbers geprüft werden.

➜ *Der Weg zur Lösung*

- Einen Bleistift kann man als Zeigestab verwenden.
- Das Holz kann man zum Heizen verwenden.
- Sie können das Blei separat verwenden.
- Mit einem Bleistift kann man etwas umrühren.
- Sie können sich damit kratzen.
- Sie können ihn zum Stechen verwenden.
- Ein Bleistift eignet sich zum Bohren.
- Man kann ihn werfen.
- Mit mehreren Bleistiften lassen sich Figuren legen.
- Sie können das Holz in Späne zerkleinern und als Dämmmaterial verwenden.
- Denkbar ist auch, ihn als Verbindungsstück zwischen zwei Dingen zu verwenden.
- Mit dem Bleistift lassen sich Wolle oder Kabel aufwickeln.
- Es ist auch möglich, ihn als Lesezeichen zu verwenden.
- Man kann damit auch Knetmasse formen.
- Es lässt sich ein Kunstwerk daraus schnitzen.
- Der Bleistift kann sogar als Teil eines Kunstwerks verwendet werden.

28. Fallstudie: Unternehmensinterner Wissensmarkt

Wissen ist in unseren Unternehmen von wachsender Bedeutung. Neben Boden, Kapital und Arbeit wird es häufig sogar als ein weiterer elementarer Produktionsfaktor eingeschätzt. Der richtige Umgang mit Wissen kann für Unternehmen erfolgskritisch sein.

Unternehmensberatungen leben im Besonderen von ihrem Intellectual Capital. Umso wichtiger sind die Bemühungen um den richtigen Umgang mit dieser Ressource. Ihre Aufgabe besteht in der Entwicklung eines Konzepts zur Steigerung des Wissenstransfers innerhalb Ihrer Unternehmensberatung. Dabei steht ein Intranet zur Verfügung, an das alle Mitarbeiter angeschlossen sind. Das Vorhaben sollte möglichst kostenneutral durchzuführen sein.

→ *Der Weg zur Lösung*

Wissen ist als intellektuelles Kapital der Mitarbeiter vorhanden. Betrachtet man das Wissen eines Unternehmens, lässt sich eine starke Fragmentierung der Wissensquellen feststellen. Diese Fragmentierung führt zu vielen Problemen. So kennen beispielsweise Wissensträger nicht den Bedarf in anderen Unternehmensbereichen. Es kommt zu redundanten und damit suboptimalen Arbeitsvorgängen. Dies lässt sich aber vermeiden, indem das Wissen der Mitarbeiter dem gesamten Unternehmen zur Verfügung gestellt wird.

Unternehmen, die diese Problematik erkannt haben, sehen sich jedoch vor dem Problem, ihre Mitarbeiter zu motivieren, das Wissen zu teilen. Sicherlich partizipiert jeder Mitarbeiter gerne an Prozessen zum Wissenserwerb; eigenes Wissen abzugeben wird oftmals jedoch vermieden. Es ist utopisch zu glauben, dass Mitarbeiter – ohne Wenn und Aber – ihr Wissen preisgeben. Aus diesem Grund müssen Anreize geschaffen werden, die monetärer und nicht monetärer Art sein können.

Drei grundlegende nicht monetäre Vergütungsaspekte können unterschieden werden:

Dazu zählt der Aspekt der Gegenseitigkeit. Anbieter von Wissen gehen davon aus, dass sie in Zukunft anderes Wissen als Ausgleich erhalten. Der Austausch wird also nur dann stattfinden, wenn Anbieter relevante Wissenspotenziale bei den Nachfragern vermuten. Dem Aspekt der Reputation liegt die Annahme der Wissensgeber zugrunde, dass sie durch die Weitergabe von Wissen eine positive Reputation im Unternehmen entwickeln, die wiederum ihre Position als Nachfrager von Wissen stärken. Die Reputation im Unternehmen kann allerdings positiv (»Teamspieler«) wie negativ (»Schwätzer«) ausfallen. Oftmals wird auch altruistisches Verhalten dem Austausch von Wissen zugrunde gelegt. In diesem Fall wird Wissen ohne den Gedanken, etwas zurückzuerhalten, weitergegeben. So haben einige Menschen einfach das Bedürfnis, sich mitzuteilen oder zu helfen.

Wird Wissen über Organisationsgrenzen hinaus weitergegeben, erfolgt oftmals eine Vergütung in Form von Geldzahlungen. Um den Wert von Wissen zu quantifizieren, muss zunächst ein Preisbildungsprozess erfolgen. Eine Marktpreisbildung in Unternehmen unter quantitativen und qualitativen Aspekten kann auf einem Wissensmarktplatz realisiert werden. Leider ist die Bewertung von Wissen mit vielfältigen Problemen verbunden. Zwar kann über die Verknüpfung des Unternehmenserfolgs an die Vergütung der Mitarbeiter eine monetäre Kompensation erfolgen, der Erfolg dieser Variante ist jedoch zweifelhaft, da ein direkter Bezug vom eigenen Handeln zur Vergütung fehlt.

Eine weitere Variante zur Vergütung von Wissenstransfers basiert auf einem Punktsystem. In diesem Fall erhalten Mitarbeiter pro festgelegtem Zeitraum ein Punktkontingent, dessen Inhalt an Kollegen verteilt werden kann, die Wissen abgegeben haben. Am Ende der Periode kann ein Ranking von Wissensgebern und -nehmern erstellt werden, das als Grundlage für eine monetäre Vergütung genutzt wird. Zur optimalen Arbeitsweise sind verschiedene Restriktionen, wie maximal zu vergebende Punkte pro Person und Zeitraum, dringend erforderlich.

Die in dieser Lösungsmöglichkeit im Fokus stehende Variante beschreibt einen unternehmensinternen elektronischen Wissensmarkt. Die Nutzung bereits im Unternehmen vorhandener moderner Informations- und Kommunikationstechnologien stehen also im Blickpunkt der Betrachtung. Dabei beinhaltet der Wissensmarkt verschiedene Komponenten, die in der folgenden Abbildung visualisiert werden:

Die Komponentenbildung kann sicherlich auch auf andere Weise erfolgen. Im Folgenden werden die einzelnen Marktkomponenten dieser Lösungsvariante kurz beschrieben:

Käufer

Käufer oder Nachfrager von Wissen treten am Markt auf, weil sie nicht vorhandenem Wissen einen Wert beimessen. So kann durch neues relevantes Wissen die individuelle Arbeitsleistung gesteigert werden – mit Vorteilen für Mitarbeiter und für das Unternehmen.

Verkäufer

Verkäufer oder Anbieter offerieren ihr Wissen am Markt, weil sie sich durch die Weitergabe gegenwärtige oder zukünftige Vorteile monetärer beziehungsweise nicht monetärer Art erhoffen. Dabei ist das Teilen von Wissen unter der Annahme, dass spezielles Wissen die Existenz im Unternehmen sichert, kein vertrauter Vorgang im betrieblichen Alltag. Außerdem erfordert die Abgabe von Wissen Zeit, die

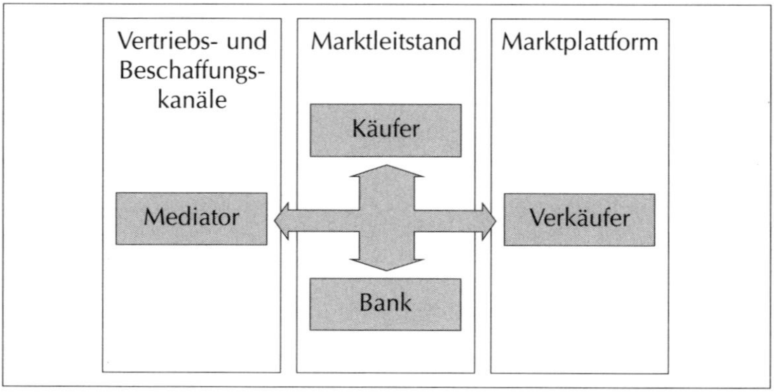

Komponenten eines Wissensmarktes

dann nicht mehr zu operativen Arbeiten genutzt werden kann. Die beiden genannten Aspekte, die maßgeblich den Wissenstransfer verhindern, sollen durch die Etablierung eines Wissensmarkts an Bedeutung verlieren.

Mediator

Wissensmediatoren, so genannte Broker, stellen den Kontakt zwischen Käufer und Verkäufer her. Dabei werden verborgene Interdependenzen zwischen Prozessen, Entscheidungen und Abteilungen identifiziert und in Wissensbestandskarten oder -matrizen festgehalten. So können beispielsweise Mitarbeiter auf eine Datenbank zugreifen, die neben den Dokumenten auch Links zu Ansprechpartnern bereithält. Elektronische Gelbe Seiten sind gleichfalls ein Instrument der Mediation. Darüber hinaus können in einem elektronischen Wissensmarkt intelligente Suchmaschinen die Suche nach speziellem Wissen für den Nachfrager übernehmen. Diese Suchmaschinen ersetzen menschliche Wissensmediatoren.

Die Rolle der Mediatoren kann auch von einem Wissenspool übernommen werden. Dabei orientiert sich der Wissenspool an einem traditionellen Warenhaus, das Waren beschafft, lagert und anbietet. Der Wissenspool kann in verschiedenen Formen mittels Informations- und Kommunikationstechnologien umgesetzt werden. So ist der Einsatz einer Datenbank (Intellectual-Capital- oder Best-Practices-Datenbank), in der Wissen gesammelt, aufbereitet, benutzerfreundlich abgelegt und für den Verkauf präsentiert wird, denkbar. Der Wissenspool erhält das Wissen von den Verkäufern. Dabei kann er auch selbst am Markt als Käufer auftreten, über ein Pull-Prinzip Wissen nachfragen und dieses den Wissensanbietern auf Grundlage spezieller Kriterien vergüten. Vor allem eine technologische Umsetzung ist dank des vorhandenen LAN (Local Area Network = Lokales Netzwerk) auf Intranetbasis realisierbar.

Bank

Eine wichtige Rolle haben monetäre Anreiz- und Preissysteme im unternehmensinternen elektronischen Wissensmarkt. Zur Regelung und Überwachung der Vergütungsströme in einem Wissensmarkt sollte eine zentrale Instanz eingerichtet werden, die im Sinn einer Bank arbeitet. Das Vorhandensein einer Marktwährung (beispielsweise Punkte oder Cybercash) ist dabei von besonderer Bedeutung, da diese Währung Vergütungsströme von Transaktionen für die Marktteilnehmer greifbar macht. Dabei muss nicht jede Transaktion über diese Anreiz- und Preisinstanz erfolgen; nicht monetäre Vergütungsvorgänge sind weiterhin denkbar. Dabei bietet die Umsetzung viel Spielraum. So kann beispielsweise eine Transaktion der Marktleitstelle, die an späterer Stelle vorgestellt wird, gemeldet werden, die wiederum der Bank den Auftrag gibt, die monetären Vergütungsströme zu regeln.
Wie eine herkömmliche Bank kann auch diese Marktinstanz Konten für die einzelnen Marktteilnehmer führen. Dadurch wird dieses System gleichzeitig zu einer Wissensquelle für den Leitstand, da beispielsweise Informationen über aktive und passive Marktteilnehmer oder Wissensströme generiert werden können. Durch den Einsatz moderner, teilweise

bereits im Unternehmen vorhandener Informations- und Kommunikationstechnologien ist die Bank als Bestandteil im elektronischen Wissensmarkt implementierbar.

Marktplattform

Das vorhandene LAN auf Intranetbasis kann als umfassende Plattform eines internen elektronischen Wissensmarkts genutzt werden. Intranets können auch als Wissensnetzwerke bezeichnet werden, die neben der Kommunikation auch die Koordination und Kooperation in Unternehmen unterstützen. Die Navigation der Marktteilnehmer erfolgt mittels Browsersoftware, die eine Art Wissenscockpit darstellt. Durch Firewalls lässt sich die Kommunikation und somit der Wissensaustausch mit externen Wissenskäufern oder -verkäufern vor fremdem Zugriff schützen. Die zugrunde liegende Software ermöglicht eine relativ einfache Informationsaufbereitung. Die offene Struktur des LAN sichert zudem das flexible Anpassen des Wissensmarkts an neue Anforderungen.

Vertriebs- und Beschaffungskanäle

Teilnehmern von Wissensmärkten stehen viele Vertriebs- und Beschaffungskanäle zur Verfügung, die auf unterschiedlichen Technologien beruhen, sich in ihrem Inhalt teilweise überschneiden und in vielen Unternehmen bereits vorhanden sind.

Persönliche Gespräche, Meetings, Wissensmessen (Knowledge Fairs) oder Wissensforen stellen den ersten Marktkanal dar. Dabei kann es zu mittelbarem oder unmittelbarem, synchronem oder asynchronem, spontanem oder organisiertem Wissenstransfer kommen. Dabei stehen videobasierte oder auditive Medien wie Videokonferenzsysteme zur Verfügung, um komplexes Wissen in kürzester Zeit und im Gegensatz zu anderen Medien mit einem geringeren Aufwand zu übertragen. Beschaffung und Vertrieb von Wissen werden durch bereits im Unternehmen vorhandene intranetbasierte Kommunikationsformen wie Internet Relay Chat (virtuelle Gesprächsräume) unterstützt. Auf den Wissensmessen wiederum können Mitarbeiter ihr Wissen präsentieren und gleichzeitig nach benötigtem Wissen suchen. In Wissensforen schließen sich Interessengruppen zusammen und diskutieren bestimmte, für sie interessante Themenbereiche. Alle hier skizzierten Beispiele lassen sich in einem intranetbasierten LAN implementieren.

Einen zweiten wichtigen Beschaffungs- und Vertriebskanal stellen Formen der Weiterbildung dar. Zu dem Oberbegriff der Weiterbildung kann auch die Recherche (beispielsweise in der Best-Practices-Datenbank) gezählt werden. Das Mentoring ist dabei eine wichtige Form des Wissenstransfers in Unternehmen. In diesem Zusammenhang wird Wissen von erfahrenen Mitarbeitern an weniger erfahrene weitergegeben. Im internen elektronischen Wissensmarkt könnten ausscheidende Mitarbeiter ihr Wissen an den Wissenspool verkaufen, in dem das Wissen aufgearbeitet und allen anderen Mitarbeitern zur Verfügung gestellt wird. Damit geht das Wissen ausscheidender Mitarbeiter dem Unternehmen nicht mehr verloren. Des Weiteren kann neben dem Mentoring nahezu jede Form der innerbetrieblichen Weiterbildung mittels moderner Technologien (siehe Fallbeispiel 29: Virtuelle Universität) umgesetzt und somit zu einem vollwertigen Baustein des internen elektronischen Wissensmarkts werden.

Mitarbeiterzeitschriften oder Rundschreiben, die bei der Verteilung dem Push-Prinzip folgen, bilden weitere wichtige Beschaffungs- und Vertriebskanäle. Diese sind in ihrer traditionellen Form zumeist nicht an spezielle Adressaten gerichtet, sehr oberflächlich gehalten und in ihrem Wirkungsgrad eher beschränkt. Dennoch sind diese Kanäle ein elementarer Bestandteil eines internen elektronischen Wissensmarkts. Durch die Einbindung in das LAN ist eine dem Push-Pull-Konzept entsprechende Umsetzung realisierbar, indem Informationsheadlines die Mitarbeiter erreichen, diese dann entscheiden, ob sie an dem Wissen interessiert sind und das Wissen im Bedarfsfall am Markt käuflich erwerben können.

Eine weitere Kategorie der Beschaffungs- und Vertriebskanäle bilden die Wissensaktivitäten von Forschung und Entwicklung, die durch die technologische Plattform auch verteilt durchführbar sind (etwa Shared Whiteboard). Dabei treten die Marktteilnehmer als Käufer und Verkäufer von Wissen auf. Die Vergütung der Wissensentwickler kann per EDV beispielsweise über festgelegte Anteile am Verkaufserlös erfolgen, sofern das Wissen im Wissenspool deponiert und zum Verkauf angeboten wurde. Die Entwicklung oder der Erwerb sollte auch über die Unternehmensgrenzen hinaus erfolgen, sodass beispielsweise Teile der Value Chain in Kooperationsform beteiligt sind. Durch den Einsatz neuer Technologien lassen sich auch traditionelle Aktivitäten zur Entwicklung von Wissen substituieren. Dies kann im Rahmen der Entwicklung beispielsweise durch das Konzept des Datamining erfolgen, das intelligente Suchstrategien und -tools beschreibt, die große Datenbestände nach Mustern durchsuchen. Diesem Konzept liegt die Annahme zugrunde, dass eine große Menge an Wissen in Unternehmen vorhanden ist, dieses jedoch durch den enormen Umfang und die Unübersichtlichkeit schlecht zu nutzen ist.

Marktleitstand

Eine marktübergreifende Rolle nimmt der Leitstand ein. Der Marktleitstand ist für die sinngemäße Nutzung des Marktes verantwortlich. Dies beinhaltet die Überwachung der Markttransaktionen und sichert die Realisierung der grundlegenden Wissensstrategie. Im Fall von Fehlverhalten muss diese Instanz intervenierend eingreifen. So hat der Leitstand unter anderem die Aufgabe, den Zugang zum Wissensmarkt zu regeln, was mittels einer »Secure ID« erfolgen kann.

Neben den überwachenden Aufgaben ist der Leitstand auch für die Infrastruktur des Wissensmarkts verantwortlich. Von den elementaren Marktbausteinen wie der Bank erhält der Leitstand Informationen über das Marktgeschehen. Der Leitstand kann sich aus den bereits beschriebenen Personen, die für das Wissensmanagement verantwortlich sind, zusammensetzen. Wenn dies nicht der Fall sein sollte, muss er unbedingt eng mit diesen Personen zusammenarbeiten.

29. Fallstudie: Uni goes online

Die Universität Kaiserslautern erwägt die Verlagerung nahezu aller Studiengänge ins Internet. Ihre Aufgabe besteht in der Erstellung eines ganzheitlichen, funktionsorientierten Konzepts, das den universitären Betrieb über das Internet ermöglicht.

➜ *Der Weg zur Lösung*

Die Aufgabenstellung bezieht sich auf Überlegungen zur Realisierung einer virtuellen Universität. Der Terminus dient als Synonym für das Lernen mit Unterstützung moderner Informations- und Kommunikationstechnologien, vornehmlich über das Internet. Studenten müssen demnach nicht mehr physisch an der Universität anwesend sein, das Studium kann damit an jedem beliebigen Ort absolviert werden.

Um eine strukturierte Vorgehensweise zu sichern, sollten zunächst alle relevanten Hauptfunktionen einer Universität herausgestellt werden. Dabei bietet sich die Perspektive der Studenten und nicht der Universität als Bildungsorganisation an. So werden in diesem Lösungsvorschlag sechs relevante Hauptdienstleistungsbereiche unterschieden, die teilweise eine Basis- oder lediglich eine Servicefunktion ausüben. Die sechs Funktionsbereiche Information, Lehre, Administration, Forschung, Bibliothek und Kommunikation sind in der folgenden Abbildung dargestellt:

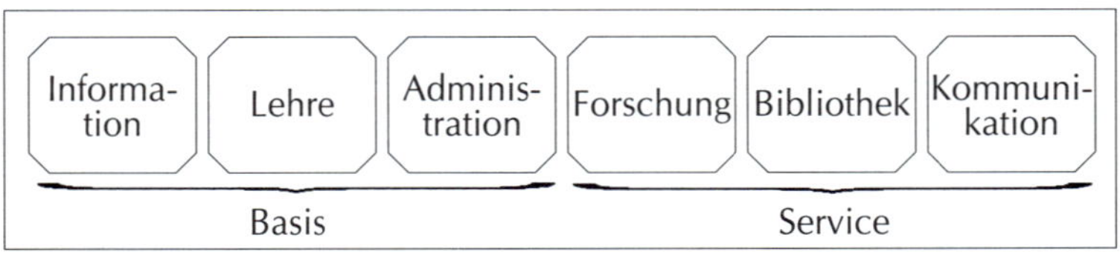

Sechs Bausteine der Universität

Die drei in der Abbildung dargestellten Hauptdienstleistungsbereiche Information, Lehre und Administration bilden die Plattform einer internetbasierten Universität. Jedoch sollte diese Plattform durch Servicebausteine erweitert werden, um die ganze Bandbreite universitärer Dienstleistungen abzudecken, dem Fernstudenten das wissenschaftliche Arbeiten so komfortabel wie möglich zu gestalten und den Transfer von Wissen zu maximieren. Diese drei Servicefunktionen sind im rechten Teil der Abbildung zu finden.

Information: Der Baustein Information gehört in der Architektur einer virtuellen Universität zur Basis. Dabei ist die alleinige Versorgung der Studenten mit Informationen eine notwendige, aber nicht hinreichende Bedingung, da das Bereitstellen von Informationen noch kein Studium ermöglicht. So sollte eine internetbasierte Universität zunächst generell eine Informationsfunktion nach außen wahrnehmen. Mittels einer Homepage kann mit relativ geringem Aufwand eine breite Öffentlichkeit erreicht werden. Dabei steht die Präsentation allgemeiner Informationen wie Universitätsstruktur, Institutsadressen, Luftbilder der Universität und Anfahrtskizzen im Vordergrund. Darüber hinaus können aktuelle Dinge wie das Vorlesungsverzeichnis und Informationen über die einzelnen Veranstaltungen veröffentlicht werden. Außerdem können tiefer gehende Informationen zu den einzelnen Lehrveranstaltungen wie Begleitmaterialien, Musterlösungen, Fallbeschreibungen und Klausurergebnisse die Studenten über Informations- und Kommunikationstechnologien erreichen. Diese Form der Information hat eine klar unterstützende Funktion im Rahmen des Studienprozesses. Die Bereitstellung der zu präsentierenden Informationen kann dabei von einer zentralen Abteilung oder dezentral von den einzelnen Lehrstühlen vorgenommen werden.

Administration: Die Administration ist der zweite wichtige Dienstleistungsbereich einer virtuellen Universität. Die konsequente Verlagerung der universitären Ausbildung ins Internet erfordert die Implementierung dieses Bausteins. Zu den administrativen Dienstleistungen zählt beispielsweise die Immatrikulation, die Anmeldung zu Klausuren sowie die Beratung von Studenten.

Die Implementierung der Administration kann in verschiedenen Formen erfolgen. So können in einem ersten Schritt verschiedene administrative Dienstleistungen online angeboten werden, wobei jedoch für einige dieser Vorgänge die persönliche Präsenz der Studenten am Studienort erforderlich ist. Eine weitere Ausbaustufe wäre erreicht, wenn die Studenten der virtuellen Universität bis auf einige Ausnahmen die administrativen Vorgänge online erledigen könnten. Datensensitive Vorgänge, die beispielsweise eine persönliche Unterschrift voraussetzen, können auf dem Postweg erledigt werden, sodass Studenten nicht am Studienort erscheinen müssen. In der konsequentesten Form der Umsetzung werden alle administrativen Dienstleistungen online abgewickelt. Die individuelle Verifikation könnte beispielsweise durch die elektronische Unterschrift oder die Personalausweisnummer erfolgen.

Lehre: Die Lehre gehört ebenso wie Administration und Information im Konzept der virtuellen Universität zu den Basismodulen, da ein virtuelles Studium ohne sie nicht möglich ist. Im Rahmen der Lehre können nach didaktisch-methodischen Lehrmöglichkeiten drei Implementierungsstufen unterschieden werden. In der ersten Stufe wird Studenten das Absolvieren von Teilbereichen ihres Studiengangs ermöglicht. In einer zweiten Stufe können die Studenten bis auf einige wenige Präsenzphasen komplett online studieren. Die lokalen Präsenzphasen haben dabei eher eine ergänzende Funktion, in der mit Hilfe lokaler Mediatoren Vorlesungen, Übungen oder Klausuren in Form von Blockveranstaltungen durchgeführt werden. In einer perfekten Ausbaustufe können Studenten die Lehre vollständig online absolvieren. Das schließt das Erbringen von Leistungen zum Abschluss der Studienteilbereiche mit ein, was nicht zwangsläufig durch Klausuren erfolgen muss. Dabei wird auch nicht nach dem Interaktionsgrad der Studenten differenziert, da auch ein rein passives Studium zum erfolgreichen Abschluss führen kann.

Kommunikation: Der Kommunikationsbereich kann in dem Konzept der virtuellen Universität als Servicebaustein betrachtet werden, da auch ohne direkte persönliche Kommunikation mit anderen Studenten und Dozenten der Abschluss eines Studiengangs möglich ist. Deshalb sollte beim Aufbau einer virtuellen Universität überlegt werden, ob und in welchem Rahmen die Kommunikation die soziale Vernetzung zwischen den Beteiligten unterstützt. Auch dieses Modul wird in drei Stufen differenziert betrachtet. In einer ersten Umsetzung wird die asynchrone und dezentrale Kommunikation zwischen den beteiligten Akteuren einer virtuellen Universität ermöglicht. Medien, die diese Kommunikationsform unterstützen, sind beispielsweise E-Mail und Newsgroups. Erweitern lässt sich diese Umsetzung durch synchrone Kommunikation mit textualen, visuellen oder auditiven Medien. Dabei bietet sich der Einsatz von Chatsitzungen im Rahmen von Diskussionsrunden an. Diese Form der medienvermittelten Kommunikation kann die reale Situation ersetzen.

Bibliothek: Der Bereich der Bibliothek stellt zum Abschluss eines Studiums an einer virtuellen Universität keine notwendige Bedingung dar, sondern erfüllt lediglich eine unterstützende Funktion. Deshalb wird der Leistungsbereich der Bibliothek als Serviceangebot betrachtet, der den Studenten das wissenschaftliche Arbeiten erleichtern und qualifiziertere Ergebnisse ermöglichen soll.

Ausgangspunkt für die Implementierung der Bibliothek im Internet ist die Möglichkeit der Online-Literaturrecherche, in deren Rahmen auch die Bestellung beziehungsweise Reservierung online möglich sein sollte. Außerdem können Vorgänge wie die Ausgabe eines Kontoauszugs oder der Versand der Schriftstücke online angeboten werden.

Forschung: Die Forschung stellt den sechsten großen Leistungsbereich der Universität dar. Da ein virtuelles Studium ohne Forschung möglich ist, wird diese zum Service der virtuellen Universität gezählt. Die Forschung einer Universität ist ein eigenständiger Bereich, der in der Vollständigkeit der angebotenen Dienste von den anderen fünf Bereichen nicht genau abgrenzbar ist. Dennoch sollte er getrennt betrachtet werden. Die Forschung umfasst das Darstellen vergangener und aktueller Projekte sowie das Publizieren der Ergebnisse und stellt damit auch ein Forum der Kontaktaufnahme zwischen Wissenschaftlern dar. Dazu zählt auch die Veröffentlichung von Diplom- und Seminararbeiten sowie Stellenangebote und -gesuche des Lehrstuhls.

30. Fallstudie: Projektstrategie

Ein Unternehmen der chemischen Industrie sieht sich mit einem steigenden Druck im Wettbewerb konfrontiert. So fusionierten vor einem Jahr zwei der drei größten Konkurrenzunternehmen. Diese Unternehmen konnten im Lauf der Zeit eine Vielzahl von Synergiepotenzialen nutzen und sind nunmehr in der Lage, ihre Leistungen im Vergleich zu allen Marktteilnehmern kostengünstiger anzubieten. Das Management des betrachteten Unternehmens sah sich zum Handeln gezwungen. Fusionsverhandlungen mit dem dritten Konkurrenzunternehmen scheiterten bereits frühzeitig an kulturellen Differenzen, sodass die Entscheidung zur Realisierung einer ganzheitlichen Restrukturierung getroffen wurde.

Ihre Unternehmensberatung würde dieses Großprojekt gerne durchführen. Ihre Aufgabe besteht in der Entwicklung eines Vorgehenskonzepts, das als Grundlage für die Verhandlungen um das Projekt dienen soll.

→ *Der Weg zur Lösung*

Ein Vorgehenskonzept besteht in der Regel aus mehreren Phasen. Zur Strukturierung des geplanten Restrukturierungsprojekts sind verschiedene Modelle denkbar. Diesem Lösungsvorschlag liegt ein fünfphasiger Ansatz zugrunde, der in der Abbildung auf Seite 172 visualisiert wird.

Dieses Vorgehenskonzept startet mit der Erhebung der für den Restrukturierungsprozess notwendigen Daten. Sie dienen wiederum als Inputinformationen für die folgende Phase des Benchmarking. Im Anschluss folgt die Erstellung eines Sollkonzepts, das die Planung und die Implementierung sämtlicher Maßnahmen beinhaltet. Abgeschlossen wird das Vorgehenskonzept durch das Monitoring der Maßnahmen.

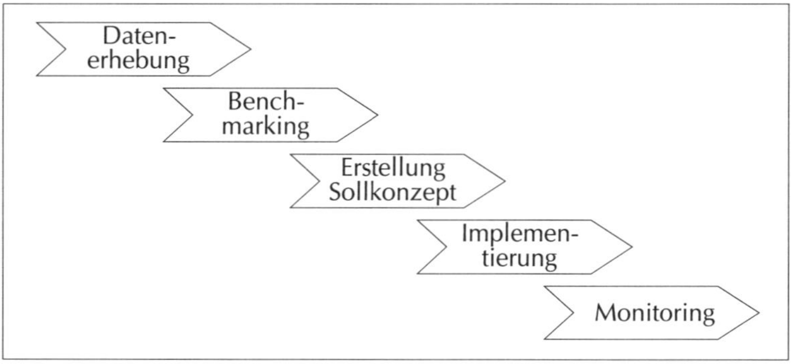

Die fünf Phasen des Vorgehenskonzepts

Vor Projektbeginn muss ein Projektteam zusammengestellt werden. Es darf nicht nur aus externen Beratern bestehen, sondern muss Mitarbeiter des betrachteten Unternehmens mit einschließen, da diese über vertieftes Wissen der Geschäftsprozesse verfügen. Die Bildung interdisziplinärer Projektteams ist dabei empfehlenswert.

Phase 1: Datenerhebung

In der ersten Phase des Vorgehenskonzepts werden Daten erhoben. Ausgangspunkt jeder Restrukturierung ist ein grundlegendes Verständnis der vielfältigen betrieblichen Prozesse. Dabei setzt die Datenerhebung an den einzelnen Geschäftsprozessen an, die logisch angeordnete Aktivitäten zum Erreichen eines Unternehmensziels darstellen. Die Geschäftsprozesse sollten für die spätere Analyse abgebildet werden. Die entwickelten Daten stellen die Grundlage für die Aktivitäten des folgenden Benchmarkings dar. Als Quelle dienen im quantitativen Bereich unternehmensinterne Informationssysteme und im qualitativen Bereich gezielte Interviews mit Mitarbeitern.

Phase 2: Benchmarking

Im Benchmarkingprozess werden durch Vergleich neue

beziehungsweise optimierte Prozessabläufe identifiziert. Dabei können einerseits verschiedene Prozesse, die sich durch ähnliche Parameter definieren lassen, verglichen werden; andererseits können Geschäftsprozesse im Benchmarking zwischen verschiedenen Unternehmen einem Vergleich unterzogen werden. Das Ergebnis der vergleichenden Aktivitäten sind Best Practices.

Benchmarking kann auf vielerlei Arten durchgeführt werden. Zum Vergleich werden oftmals Kriterien wie Produktivität, Qualität sowie Zeit- und Kostenaufwand herangezogen.

Phase 3: Erstellung Sollkonzept

Grundlage dieser Phase bilden die im Rahmen des Benchmarking identifizierten Best Practices. Diese werden, wenn möglich, im Rahmen der Restrukturierung berücksichtigt. In dieser Phase sollten lediglich Geschäftsprozesse betrachtet werden, die Veränderungspotenziale beinhalten oder durch Zusammenlegung von bereits optimierten Vorgängen weitere Potenziale verwirklichen. Suboptimale Vorgänge werden durch optimierte ersetzt.

Das Reengineering sollte die Verbesserung von betrieblichen Kriterien wie Kosten, Qualität, Service und Zeit verfolgen. Abgeschlossen wird die Phase der Sollkonzepterstellung mit der Zusammenstellung geeigneter Maßnahmen. Außerdem muss ein Zeitplan für die folgende Phase der Implementierung entwickelt werden.

Phase 4: Implementierung

Auf die Erstellung des Sollkonzepts und die Planung der Implementation folgt die Umsetzung der Maßnahmen zur Optimierung der Geschäftsprozesse. In deren Vorfeld kann eine Simulation durchgeführt werden. Anzustreben ist die schnellstmögliche Transformation der suboptimalen Geschäftsprozesse in optimierte, ohne das operative Geschäft während der Implementierung zu sehr zu beeinträchtigen.

Phase 5: Monitoring

Auf die Phase der Implementierung folgt die Kontrolle der Maßnahmen. Monitoring, das mittels vorher festgelegter Leistungskennzahlen erfolgt, sollte nicht erst im Anschluss an die Implementierung beginnen, sondern parallel dazu erfolgen. Nur so kann auf negative Entwicklungen im Rahmen der Implementierung in schnellstmöglicher Zeit reagiert werden.

Der typische Arbeitsplatz eines
proLean-Beraters
Wer ein Unternehmen erfolgreich reorganisieren will, muss wissen, wie es funktioniert – auch in der Praxis. Als Techniker, Ingenieure und Betriebswirte beraten wir unsere Kunden daher nicht aus sicherer Entfernung, sondern analysieren die Verbesserungspotentiale direkt vor Ort. Das Entwickeln zukunftsweisender Strategien und intelligenter Lösungen ist dabei die eine Aufgabe; die andere besteht darin, sie nachhaltig im Unternehmen einzuführen. Denn gute Ideen sind nicht genug – wir sorgen dafür, dass sie auch umgesetzt werden.
proLean – Wir setzen um
Interesse? Als Stratege im Blaumann können Sie bei uns viel bewegen. Ihre Bewerbung ist der erste Schritt.
proLean Ingenieurgesellschaft mbH
Kalkumer Schloßallee 53, 40489 Düsseldorf
Tel. (0211) 42 27 66 – 0 www.prolean.net
PRO LEAN

31. Fallstudie: Gesprächsstrategie

Der Interviewer in einem Einstellungsgespräch nimmt einmal an, dass Sie den ausgeschriebenen Job als Berater seines Unternehmens erhalten haben. Er stellt Sie nun vor folgende Situation:

Sie haben als Berater unserer Gesellschaft die Chance, beim Vorstandsvorsitzenden eines der größten deutschen Industriekonzerne vorzusprechen. Sie wissen, dass bisher keine Beratungsgesellschaft zuvor von diesem Unternehmen engagiert wurde. Bei einem kurzen Meeting wird Ihnen die Möglichkeit geboten, den Vorstandsvorsitzenden davon zu überzeugen, dass ihm der Einsatz unserer Beratungsgesellschaft deutliche Vorteile bringt. Wie bauen Sie das Gespräch auf?

→ *Der Weg zur Lösung*

Der Fall soll Ihr logisches und strukturiertes Vorgehen testen. Es gibt mit Sicherheit auch andere Varianten als die im Folgenden gezeigte, um das Gespräch aufzubauen. Wichtig ist hier nur die technische Vorgehensweise.

Die erste Aufgabe ist Grundlagenforschung, das heißt, alles Erdenkliche über die Geschäftsbilanzen und -beziehungen des potenziellen Kunden in Erfahrung zu bringen.

Eine grundlegende Frage ist, ob der Vorstandsvorsitzende ein Befürworter oder ein Gegner von externen Beratern ist. Er könnte ja neu in dieser Funktion sein und möchte strukturelle Veränderungen durchführen und erwägt deshalb den Einsatz eines externen Beratungsunternehmens. Er könnte aber auch die Auffassung vertreten, dass ein externer Berater sein Unternehmen unmöglich in der kurzen Zeit eines Projekts umfassend kennen und verstehen lernen kann. Je nachdem zu welcher Gruppe der Gesprächspartner gehört, muss die Vorgehensweise variiert werden.

1. Variante

Ist der Vorstandsvorsitzende ein Befürworter des Einsatzes von Beratern und offen für Veränderungsvorschläge in seinem Unternehmen, kann man sogar so weit gehen und annehmen, dass er als Person den Arbeitsabläufen in seinem Unternehmen kritisch gegenübersteht und auch selbst kritikfähig ist. Dies erleichtert den Gesprächsaufbau ungemein.

Üblicherweise beginnt ein Meeting mit allgemeinen Plaudereien, was für den Verlauf des Meetings von entscheidender Bedeutung ist.

Zu Beginn des Vortrags bietet es sich an, einige Worte zur eigenen Person zu sagen und das Beratungsunternehmen kurz vorzustellen. Danach sollten den Anwesenden einige erfolgreich abgeschlossene Projekte der eigenen Beratungsgesellschaft vorgestellt werden, die möglichst nah am Geschäftsbereichs des potenziellen Neukunden liegen sollten.

Die Aufgabenbereiche dieser Projekte sollten kurz umrissen werden. Bereits an diesem Punkt sollte das Interesse der Beteiligten geweckt sein. Jetzt ist der Punkt gekommen, um auf mögliche konkrete Ansatzpunkte in diesem Unternehmen einzugehen. Bei der zuvor erfolgten Grundlagenforschung sollten mögliche Projektbereiche erarbeitet worden sein, die jetzt vorgestellt werden. Wenn es bereits ähnliche Projekte in anderen Unternehmen gab, so kann man diese zum Vergleich im Back-up parat haben, um die aufgezeigte Vorgehensweise als erfolgreich erprobte Variante zu untermauern. An dieser Stelle erscheint es für den Gesprächsverlauf vorteilhaft, wenn der Vortrag schrittweise in eine offene Diskussion übergeht. Denn hier erhält man weitere Ansatzpunkte und Anregungen der Beteiligten. Es wird offen über die Machbarkeit, den personellen Aufwand und Erfolgsaussichten des möglichen Projekts spekuliert und diskutiert. Im Allgemeinen kristallisiert sich in einem solchen Gespräch ein Bereich heraus, auf den man dann näher eingehen kann. Ein solcher Gesprächsverlauf lässt hoffen, dass sich die Mühe gelohnt hat. Man wird sich sehr wahrscheinlich darauf verständigen, dass der Berater ein Angebot abgibt. Sofern das Angebot für das zu beratende Unternehmen akzeptabel ist, findet daraufhin ein Kick-off-Meeting mit den jeweiligen Verantwortlichen aus dem Fachbereich statt, um die Vorgehensweise im Rahmen des Projekts vorzustellen und abzustimmen.

2. Variante

Der Vorstandsvorsitzende ist ein anerkannter Gegner von Unternehmensberatungen. Der Gesprächsaufbau muss in diesem Fall wesentlich sensibler sein, da eine solche Person zumeist die Auffassung vertritt, in der Vergangenheit immer die richtige Entscheidung für das Unternehmen getroffen zu haben. Dieser Unternehmertyp möchte wohl kaum hören, dass eine seiner Entscheidungen falsch oder verbesserungsfähig war. Es ist daher anzunehmen, dass er nicht nur keine Kritik bezüglich seiner Unternehmensperformance hören möchte, sondern dass er auch als Person wenig kritikfähig ist. Dies sollte in jedem Fall bei der Gesprächsstrukturierung berücksichtigt werden.

Auch hier beginnt das Meeting mit Smalltalk, vermutlich ist die Atmosphäre etwas unterkühlt. Der Übergang zum Gesprächsvortrag wird sehr wahrscheinlich schneller und sachlicher ablaufen.

Auch in diesem Fall sollte man das Gespräch mit der Vorstellung der eigenen Person und der Gesellschaft, für die man tätig ist, beginnen. Danach sollte die Präsentation von einigen erfolgreichen Projekten unterschiedlicher Zielrichtungen erfolgen, wie zum Beispiel Kostenstrukturanalyse,

Innovations- oder Strategieberatung. Diese Unternehmen sollten vom Aufbau her möglichst ähnlich strukturiert sein wie der potenzielle Neukunde. Hierbei sollte vor allem auf die wichtige Zusammenarbeit mit den Mitarbeitern der zu beratenden Unternehmen verwiesen werden, da eine Zielerreichung nur durch Teamarbeit und Kooperation aller Beteiligten Erfolg versprechend ist. Keinesfalls darf der Eindruck entstehen, dass man als Berater versucht, die Angestellten, die oft langjährige Erfahrungen haben, zu gängeln, ihnen neue Aufgaben zuzuteilen und sie nach getaner Arbeit alleine stehen zu lassen - in der Hoffnung, dass die Umsetzung der erarbeiteten Ziele schon von selbst erfolgen wird. Die Anwesenden müssen davon überzeugt werden, dass sie enorm wichtig für den Erfolg des Projekts sind und man als Beratungsunternehmen zwar alle relevanten Erfahrungen aus Wissenschaft, Technik, Unternehmenskultur mitbringt, aber zur erfolgreichen Implementierung auf das spezielle Wissen der Mitarbeiter angewiesen ist, die einen viel besseren Einblick in das Tagesgeschäft haben. Die Anwesenden sollen sich in ihrer Person und Arbeit bestätigt fühlen. Es sollte tunlichst vermieden werden, aus Projekten in anderen Unternehmen mögliche Ansatzpunkte für Maßnahmen in diesem Unternehmen herzuleiten. Dies käme einer offen vorgetragenen Kritik gleich. Man sollte vielmehr versuchen, die Anwesenden dazu zu bewegen, solche Vergleiche selbst anzustellen, und sie zum Nachdenken anzuregen und vielleicht auch zu einer Aussage wie »In diesem Bereich könnte bei uns eventuell auch etwas verbessert werden«. Auf jeden Fall sollten alle Bemühungen auf eine freundliche, diplomatische Art und Weise erfolgen, offensichtliche Parallelen zu anderen Unternehmen anzusprechen, ist unbedingt zu vermeiden.

Möglicherweise ergibt sich aus dem Vortrag dann eine Diskussion, wenn nicht, so doch vermutlich ein Frage-Antwort-Spiel. Nur über diesen Hebel erhält man weitere Informationen über das Unternehmen und damit die Chance, die eigene fachliche Kompetenz herauszustellen, indem man zum richtigen Zeitpunkt seine fundierten Informationen zum Unternehmen geschickt ins Spiel bringt. Schon deshalb ist eine umfassende Vorbereitung unabdingbar.

Wenn sich die Gesprächsteilnehmer einer Diskussion öffnen, so ist die Präsentation schon sehr erfolgreich verlaufen. Man kann dann zum Beispiel anbieten, die Geschäftsprozessabbildung zu einem besonders günstigen Preis anzubieten und im Rahmen eines möglichen späteren Projekts zu verrechnen. In jedem Fall sollte man einen Spielraum bei der Honorarregelung signalisieren, die zumeist einen gewichtigen Entscheidungsfaktor für oder wider ein Beratungsprojekt darstellt.

Wenn das Gespräch aber nicht lockerer geworden und die Atmosphäre immer noch angespannt ist, so kann man als letztes Argument für eine externe Beratung nur noch die Möglichkeit des Erfolgsbeteiligungshonorars anführen. Hierdurch sollte den Anwesenden klar werden, dass sie kein wirtschaftliches Risiko durch das Engagement einer Beratungsgesellschaft eingehen, indem man als Berater am wirtschaftlichen Erfolg direkt beteiligt wird. (Allerdings ist diese Variante nicht bei allen Problemstellungen im Beratungsgeschäft praktikabel, da eine Erfolgsbeteiligung nur mit definitiv nachweisbaren Zahlenwerten errechnet werden kann. Bei einer reinen Strategieberatung ist der Erfolg zum Beispiel nur sehr schwer zu beziffern.)

Sollte auch dies nicht das nötige Interesse wecken, so ist das Gespräch wohl umsonst gewesen. Sollte jedoch Interesse geweckt worden sein, können noch mögliche Projektbereiche besprochen werden, um bei einem Folgetermin den zu erarbeitenden Projektablauf zu besprechen.

32. Fallstudie: Gründung eines neuen Musiklabels

Sie werden von Herrn Schmidt und Herrn Müller beauftragt, deren Schritt in die Selbstständigkeit kaufmännisch zu planen.

Beide arbeiteten bisher bei Plattenfirmen, jedoch in unterschiedlichen Bereichen. Herr Schmidt hatte die Aufgabe, neue Künstler und Gruppen für die Plattenfirma unter Vertrag zu nehmen und ein auf die Künstler individuell zugeschnittenes Marketingkonzept zu erarbeiten. Der Aufgabenbereich von Herrn Müller lag zunächst in der Rechtsabteilung (er ist vom Titel her Rechtsanwalt) und danach im Controlling. Beide haben sich entschlossen, gemeinsam den Schritt in die Selbstständigkeit zu wagen und ein neues Musiklabel zu gründen, das die Rechtsform einer GmbH haben soll.

Herr Schmidt als kreativer Mensch soll in dem neu entstehenden Unternehmen weiterhin für alle Belange verantwortlich sein, die das Künstlerrepertoire betreffen. Er soll auch wie bisher die erforderlichen Marketingmaßnahmen festlegen. An dieser Stelle beginnt der Aufgabenbereich von Herrn Müller. Er soll die finanzielle Machbarkeit prüfen beziehungsweise Rentabilitätsprüfungen durchführen. Sein Aufgabengebiet umfasst weiterhin die Regelung aller vertraglichen Angelegenheiten mit Vertragspartnern und die Betreuung der Lizenzabteilung.

Die musikalische Ausrichtung des neuen Unternehmens soll im massenkompatiblen lateinamerikanischen Stil liegen. Herr Schmidt glaubt aus seiner bisherigen Erfahrung heraus zu wissen, dass diese Musikrichtung in der nächsten Zeit sehr Erfolg versprechend ist. Außerdem hat er einen exklusiven Kooperationsvertrag mit in der Vergangenheit sehr erfolgreichen lateinamerikanischen Musikproduzenten abgeschlossen.

Beide haben bereits Kontakt zu einer anderen Plattenfirma

geknüpft, bei der Sie einen Labeldeal abschließen können. Die darin getroffenen Vereinbarungen beinhalten einen in konstanter Höhe fälligen Vorschuss für jede Veröffentlichung sowie einen festgelegten Lizenzsatz für 15 Produktionen pro Jahr (zehn Singles und fünf Alben). Zusätzlich werden ein fixes Promotionbudget per annum und eine Büropauschale von einmalig 50 000 Mark und 20 000 Mark pro Jahr bezahlt.

Wie sollten die beiden ihre weitere Vorgehensweise planen?

→ *Der Weg zur Lösung*

In dieser Situation dient der Businessplan den Gesellschaftern weniger als Argument, um potenzielle Geldgeber von der Idee des Labels zu überzeugen (da die Einnahmeseite abgesichert ist), sondern vielmehr als Leitfaden für die erste Zeit der Geschäftsaufnahme. Durch den Businessplan soll den Gesellschaftern die Möglichkeit gegeben werden, relativ einfach einen Soll-Ist-Vergleich bezüglich der Geschäftssituation durchführen zu können.

Ein Businessplan wird üblicherweise in den folgenden acht Schritten aufgebaut:

Zusammenfassung

Formulieren der Geschäftsidee und des Geschäftsziels:

Die Geschäftsidee ist, den Markennamen »Mambo Magic Music« (auch M3 genannt) zu etablieren, sodass er sofort in Verbindung mit dem Musikstil (lateinamerikanische Popmusik) gebracht wird. Ziel ist es, die Kundschaft dazu zu bringen, nicht nur wegen der Künstler und Bands die CDs zu kaufen, sondern wegen des Labelnamens, da dieser für unverwechselbare und qualitativ hochwertige Musik desselben Genres steht.

Was sind die Produkte?

Qualitativ hochwertige Musikproduktionen von lateinamerikanischen Künstlern und Bands auf CD-Format.

Was sind die Erfolgsfaktoren?

Die Erfolgsfaktoren sind die an die Firma gebundenen, in der Vergangenheit bereits sehr erfolgreichen Musikproduzenten sowie Herr Schmidt mit seiner großen Erfahrung im Aufspüren neuer Talente.

Unternehmen

Wie ist das Unternehmen strukturiert?

Die Organisationsstruktur des Unternehmens sieht die Aufgabenteilung zwischen Herrn Schmidt und Herrn Müller vor. Beide sollen als gleichberechtigte Geschäftsführer nebeneinander agieren und zeichnen für den jeweils ihnen unterstehenden Bereich verantwortlich.

Wer übernimmt welche Aufgaben?

Herr Schmidt sucht neue Künstler und Bands, die er für das Unternehmen unter Vertrag nimmt.

Die Produzenten in Lateinamerika arbeiten in ihren Studios mit den Künstlern und Gruppen an der Musik und schicken diese, wenn sie fertig ist, an Herrn Schmidt.

Dann überlegt sich Herr Schmidt die optimalen Marketingmaßnahmen für das neue Produkt und stellt in Zusammenarbeit mit den Mitarbeitern der Promotionabteilung einen Zeitplan für die Promotiontätigkeit bis zum Release-Datum und gegebenenfalls noch darüber hinaus auf. Darunter fallen zum Beispiel TV-Auftritte oder eine bundesweite Radio-Interview-Tour, um die neue Musik in den Medien bekannt zu machen. Darüber hinaus gibt es unter anderem noch Pressearbeit und die Möglichkeit einer Konzerttour.

Weiterhin betreut Herr Schmidt die Künstler und Gruppen, wenn sie in Deutschland auf Konzerttour gehen.

Die Aufgaben von Herrn Müller sehen wie folgt aus:

Herr Müller schließt die Verträge mit den neuen Künstlern und Bands ab.

Er überprüft den Marketingplan von Herrn Schmidt bezüglich der finanziellen Machbarkeit unter Berücksichtigung der Verkaufserwartung und der daraus resultierenden Rentabilitätskennzahlen.

Er überprüft die Einhaltung der festgelegten Marketingmaßnahmen und motiviert die Mitarbeiter der Promotionabteilung.

Weiterhin prüft Herr Müller die von der Plattenfirma erhaltenen Lizenzeinnahmen auf ihre Richtigkeit und erstellt dann die Lizenzabrechnungen für die Produzenten, Künstler und Bands.

Er zeichnet für alle wirtschaftlichen Belange des Unternehmens verantwortlich, zum Beispiel für Buchhaltung und Steuererklärungen.

Was ist die Rechtsform des Unternehmens?

Die gewählte Rechtsform der Firma Mambo Magic Music (M3) ist die Gesellschaft mit beschränkter Haftung (GmbH). Beide Gesellschafter sind gleichberechtigte Geschäftsführer und vertreten das Unternehmen nach außen.

Produkt/Dienstleistung

Was ist das Besondere an diesem Unternehmen und worin besteht der Zusatznutzen für den Konsumenten?

Das Neue an dieser Konstellation auf dem Markt ist, dass sich das Unternehmen nur auf den lateinamerikanischen Musikstil konzentriert und hierfür ein Markenname etabliert werden soll.

Ziel ist es, dass nach kurzer Einführungsphase die Konsumenten im Plattenladen nicht die neue CD von irgendeinem neuen lateinamerikanischen Künstler kaufen möchten, sondern die neue Platte des Unternehmens »Mambo Magic Music« (M3). Das bedeutet für den Konsumenten eine erhebliche Vereinfachung, da er nun nicht mehr nach immer neuen und aktuellen Künstler- oder Bandnamen im Ladengeschäft suchen muss, sondern unter dem immer gleichen Namen Mambo Magic Music immer das neueste Produkt finden kann.

Aus diesem Grund ist eine einheitliche musikalische Ausrichtung, bei der nur eine Sparte bearbeitet wird, von großer Wichtigkeit. Das erhöht auf der einen Seite das wirtschaftliche Risiko, da man nur von diesem Musikstil abhängig ist. Auf der anderen Seite kann man aber durch den Aufbau des Markennamens eine Stammkundschaft generieren, die das wirtschaftliche Risiko wesentlich geringer werden lässt als in der Plattenindustrie sonst üblich.

Zum Aufbau des Markennamens »Mambo Magic Music« (M3) ist es erforderlich, dass mit jeder weiteren Veröffentlichung mehr und mehr das Label in den Vordergrund rückt und nicht der Künstler oder die Band. Das könnte sich zum Beispiel wie folgt entwickeln:

Erstes Veröffentlichungsstadium:

Künstler »XYZ« mit dem Titel »Hey Everybody« erscheint auf dem Label Mambo Magic Music (M3).

Zweites Veröffentlichungsstadium:

Künstler »XYZ« mit dem Titel »What a Day« presented by MAMBO MAGIC MUSIC (M3).

Drittes Veröffentlichungsstadium:

MAMBO MAGIC MUSIC (M3) presents …

In welchen Zeitabständen wird es neue Produktionen geben?

Etwa alle vier bis fünf Wochen kommt eine Single auf den Markt und ungefähr jeden zweiten Monat ein Album.

Wie hebt sich das Produkt von dem der Konkurrenz ab?

Der Unterschied besteht in der konsequenten Ausrichtung auf ein Musikgenre ohne Kompromisse. Hinzu kommt die ständige Beobachtung der musikalischen Weiterentwicklung in Lateinamerika durch Herrn Schmidt, die in die

Musikproduktion einfließt. Die Musik ist immer auf dem neuesten Stand und kommt direkt und ohne Umwege nach Deutschland.

Branche/Markt

Wie war die Entwicklung der Branche in den letzten Jahren und wie sieht es in der Zukunft aus?

Das Wachstum der lateinamerikanischen Musikrichtung in den letzten Jahren war immens. Je nach Land waren bis zu dreistellige Zuwachsraten zu verzeichnen. Ein Ende der Entwicklung ist nicht abzusehen.

Wie dynamisch ist die Branche?

Die Branche ist als sehr dynamisch einzustufen, was aus der hohen Zahl von Veröffentlichungen pro Jahr und aus den sich wöchentlich verändernden Verkaufsplatzierungen in den Charts hervorgeht.

Gibt es direkte Konkurrenz?

Nein, es gibt sonst kein Label, das das Ziel verfolgt, seinen Markennamen in vergleichbarer Weise in diesem Genre zu platzieren.

Marketing/Vertrieb

Wie sieht die Markteintrittsstrategie aus?

Durch die Kooperation mit der Plattenfirma (Labeldeal) kann die Promotiontätigkeit auf den Mitarbeiterstab der Plattenfirma abgewälzt werden. Für besondere Werbemaßnahmen steht ein pauschales Promotionbudget zur Verfügung. Den Vertrieb der CDs übernimmt ebenfalls die Plattenfirma.

Welche Barrieren gibt es?

Wichtig ist, möglichst früh erfolgreich die Musik zu verkaufen (hohe Chartplatzierungen), um so den Namen des Labels ins Gespräch zu bringen. Danach sollten nach Möglichkeit in regelmäßigen Zeitabständen immer wieder Chartnotierungen erreicht werden, damit der Name weiter im Gespräch bleibt und man die unter Produkt/Dienstleistung vorgestellten Veröffentlichungsstadien einführen kann. Ohne Verkaufserfolg wird es sehr schwierig, wenn nicht unmöglich, die Konsumenten langfristig an M3 zu binden.

Wie kann der Verkauf gefördert werden?

Durch gezielte Werbemaßnahmen, zum Beispiel Plakatierung oder Werbeseiten in Zeitschriften, Magazinen. Eventuell auch über Fernseh- oder Online-Werbung.

Unternehmensleitung

Ist eine Veränderung bei den Gesellschaftern geplant?

Nein, vorerst besteht hier kein Handlungsbedarf, da der gesamte Bereich der betrieblichen Tätigkeit durch Herrn Schmidt und Herrn Müller abgedeckt ist.

Wie sieht die Personalplanung aus?

Kurzfristig denkt man über die Einstellung einer (eines) Sekretärin(-s) nach.

Langfristig ist die Planung der gesamten Promotiontätigkeit mit einem eigenen Mitarbeiterstab zu organisieren. Hierzu werden Mitarbeiter für die folgenden Bereiche gesucht:

- TV-Promotion
- Radio-Promotion
- Discjockey-/Club-Promotion
- Press-Promotion

Dreijahresplanung

Welche Investitionen sind notwendig?

Sachinvestitionen in Büroausstattung (Schreibtische, Stühle, Schränke, Fax, Telefon, Computer und anderes).

Wie wird sich der Umsatz entwickeln?

Dies ist schwer vorhersehbar. Nur die finanzielle Grundabsicherung über die fest vereinbarten Lizenzvorschüsse sowie die fixen Budgets für Promotiontätigkeiten und Büro sind als sichere Einnahmen zu verbuchen. Alles Weitere hängt vom Markt ab.

Gibt es irgendein existenzielles Risiko für das Unternehmen?

Nein, zumindest nicht für die Laufzeit der Labeldeal-Vereinbarung mit der Plattenfirma. Danach kommt es darauf an, ob der Vertrag verlängert wird oder es eine andere Plattenfirma gibt, die gewillt ist, einen solchen Vertrag abzuschließen. Auf jeden Fall ist hierfür ein gewisser Erfolg von Vorteil.

Kapitalbedarf

Was steht an Eigenkapital zur Verfügung und was wird benötigt?

Die Gründung der GmbH erfolgt durch die beiden Gesellschafter mit einer Einlage von jeweils 50 000 Mark. Hierunter fällt auch das Bürokostenbudget in Höhe von 50 000 Mark einmalig und 20 000 Mark jährlich. Damit hat die Gesellschaft genug Kapital für die Anfangsinvestitionen, die auf etwa 100 000 Mark geschätzt werden. Alle weiteren Investitionen sollen aus den laufenden Einnahmen gedeckt werden.

33. Fallstudie: Innovationsmanagement

Die Innovations GmbH hat seit Jahren kein neues Produkt und keine neue Dienstleistung auf den Markt gebracht. Aus der geringen Zahl der im Unternehmen schlummernden Ideen wurde mehrmals ein Innovationsprojekt gestartet, aber niemals wurde die Marktreife erreicht. Die Geschäftsführer der Innovations GmbH, Herr Konservativ und Herr Risikoavers, haben Sie deshalb eingeladen, ein paar grundlegende Ideen zum Innovationsmanagement vorzustellen. Machen Sie Ihre Sache gut, dann dürfen Sie als Assistent der Geschäftsführung dem Unternehmen helfen, seinem Namen gerecht zu werden.

→ *Der Weg zur Lösung*

Die fehlende Innovationsfähigkeit der Innovations GmbH kann verschiedene Ursachen haben. Zum einen kann es sein, dass zu wenige Ideen im Unternehmen vorhanden sind oder nicht bekannt werden, zum anderen besteht die Möglichkeit, dass die falschen ausgewählt werden oder die ausgewählten Ideen an mangelndem Projektmanagement scheitern. Um die Themen einzeln aufzugreifen, sollen verschiedene Phasen des Innovationsmanagements betrachtet werden.

Ideengenerierung:
In dieser Phase versucht das Management möglichst viele und hoch qualitative Ideen bezüglich neuer Produkte, Dienstleistungen oder Prozessverbesserungen im Unternehmen zu generieren.

Um Ideen *intern* zu generieren, ist das Unternehmen abhängig von seinen eigenen Mitarbeitern. Dazu sind auf der einen Seite kreative Köpfe, auf der anderen Seite aber entsprechende Organisationsstrukturen notwendig. Kreativität entsteht dann, wenn verschiedene Denk- und Sichtweisen vermischt werden. Deshalb ist es unerlässlich eine intensive Kommunikation zwischen den verschiedenen Abteilungen zu pflegen. Das heißt nicht nur innerhalb kaufmännischer Kompetenzbereiche, sondern auch fachübergreifend. So kennen die Marketingexperten die Wünsche der Kunden, die Techniker die neuesten technischen Entwicklungen. Die Kommunikation der Mitarbeiter aus den verschiedensten Bereichen kann man beispielsweise durch Innovationsmeetings, Ausflüge und Kaffee-Ecken fördern.

Um die im Unternehmen vorhandenen Ideen sichtbar zu machen – viele werden gar nicht ausgesprochen, sondern schlummern in den Köpfen –, muss das Management den Mitarbeitern das Gefühl geben, dass ihre Ideen gehört und ernst genommen werden. Ein offizielles Vorschlagswesen institutionalisiert diesen Vorgang. Mitarbeiter reichen Verbesserungs- oder Produktideen ein und erhalten dafür eine Belohnung (beispielsweise finanziell oder statusbezogen). Um die Ideengenerierung zu forcieren, kann die Mitwirkung am gesamten Innovationsprozess als variabler Bestandteil des Gehalts etabliert werden.

Ideen lassen sich aber nicht nur innerhalb des Unternehmens finden, sondern auch *extern* mit Hilfe von Kooperationen mit Hochschulen, Forschungsinstituten oder kontinuierlicher Marktforschung.

Ideenauswahl:
Die Ideenauswahl ist der wichtigste Faktor dafür, dass ein Unternehmen keine Fehlentscheidungen trifft. Kein Unternehmen kann alle Ideen verfolgen, sondern muss sich auf die viel versprechendsten Konzepte konzentrieren. Hierfür müssen die Konzepte schon sehr weit konkretisiert worden sein, um eine vergleichbare Basis zu schaffen. Deshalb bietet es sich an, ein Standardformat einzuführen. Bei größeren Unter-

nehmen gibt es institutionalisierte Business-Plan-Wettbewerbe, zu denen die Ideen-Besitzer Business-Pläne einreichen. Diese beinhalten eine kurze Zusammenfassung der Idee, die Vorstellung des Produkts beziehungsweise der Dienstleistung, eine Branchen- und Marktbeschreibung, erste Marketingkonzepte, eine Beschreibung der Teammitglieder, eine Chancen- und Risikobewertung, einen Fünfjahresplan und den Finanzbedarf. Dieses Verfahren ist möglich bei Innovationen, deren Anwendung, Marktpositionierung und Kundengruppen bekannt und gut abschätzbar sind. Bei Innovationen, die völlig neue Märkte schaffen, müssen die im Business-Plan benötigten Informationen auf vagen Annahmen basieren. Bei kleineren Unternehmen ist es weniger sinnvoll einen großen Business-Plan-Wettbewerb durchzuführen, allerdings sollten auch hier eingereichte Ideen ein klares Konzept besitzen. Dies kann in Form eines 1-pagers und angehängtem Business Model (Geschäftsmodell) geschehen.

Die Ideen müssen anhand klar abgesteckter Kriterien definiert werden. Dazu gehören unter anderem die zu erwartende Wertschöpfung beziehungsweise das Umsatzpotenzial, der strategische Fit mit existierendem oder geplantem Produktportfolio oder die technische Machbarkeit. Schließlich muss eine Entscheidung gefällt werden: ob das Innovationsprojekts gestartet oder die Idee verworfen wird.

Innovationsprojekt:

Wenn eine Idee oder ein Business-Plan der Prüfung standhält, wird ein eigenes Projekt aufgesetzt. Es gilt hier den richtigen Mix an Kompetenzen zusammenzubringen. Entscheidend in der frühen Phase ist das technische Know-how, um die praktische Realisierbarkeit zu prüfen. Darüber hinaus sind aber auch Marketing- und Vertriebsexpertisen wichtig, um schon frühzeitig Abschätzungen über Marktgröße, Zielgruppen und individuelle Ansprüche einzelner

Kundensegmente zu ermöglichen. Unter organisatorischen Gesichtspunkten gilt zu klären, ob das Projekt innerhalb einer existierenden Business Unit geführt oder ausgegliedert werden soll. Die Entscheidung ist davon abhängig, wie das Projekt zu den herkömmlichen Geschäftssegmenten des Unternehmens steht. Besteht die Gefahr der Kannibalisierung oder werden völlig neue Kundengruppen mit anderen Bedürfnissen angesprochen, ist es sinnvoll, das Projekt auszugliedern. Ist das Team allerdings auf Synergien mit der Mutter, zum Beispiel Know-how, Kundenkontakte, Infrastruktur, angewiesen, so könnte es Sinn machen, die Idee innerhalb einer bestehenden Abteilung oder Business Unit umzusetzen.

Eigenständiges Geschäft:
Wurden erfolgreich Prototypen erstellt und erste Markttests durchgeführt, dann kann die Idee professionell kommerzialisiert werden. Hierfür müssen möglicherweise Teile des bisherigen Teams ausgewechselt oder zumindest ergänzt werden. In dieser Phase wird ein sinnvolles Management immer wichtiger. Darüber hinaus müssen entsprechende Produktionskapazitäten aufgebaut werden. Das Innovationsprojekt verliert seinen Projektcharakter und wird in das operative Tagesgeschäft überführt.

34. Fallstudie: Das lebensverlängernde Medikament

Mit drei weiteren Experten aus unterschiedlichen Bereichen wurden Sie von einem Untersuchungsausschuss des Bundestags eingeladen. Diese Runde soll diskutieren, ob ein Medikament zugelassen werden soll. Der Leiter des Untersuchungsausschusses richtet ein paar Worte an die Gruppe:

»Sehr geehrte Damen und Herren, ich darf Sie ganz herzlich zu unserer ersten Sitzung willkommen heißen. Wie Sie wissen, wurde bei uns der Antrag auf Zulassung eines besonderen Medikaments eingereicht. Dieses Medikament verlängert die Lebenszeit des Menschen. Da ich mit anderen Dingen beschäftigt bin, kann ich leider nicht an dieser ersten Sitzung teilnehmen. Deshalb bitte ich Sie, sich Gedanken darüber zu machen, ob man ein solches Medikament akzeptieren kann oder ablehnen sollte. Notieren Sie bitte auch, welche Punkte wir (oder Sie) nach dieser Sitzung noch klären müssen. Ich wünsche Ihnen eine angeregte Diskussion.«

Nach dieser Rede schauen Sie sich um und merken, dass Ihre drei Mitstreiter eingeschlafen sind. Also fangen Sie an, sich allein Gedanken zu diesem Thema zu machen. (Wie immer gibt es keine Lösung; es sollen einfach Punkte genannt werden, die berücksichtigt werden müssen.)

→ *Der Weg zur Lösung*

Man kann das Thema anhand der betroffenen Interessengruppen (Stakeholder) Medizin, Gesellschaft, Wirtschaft und Politik durchleuchten.

Medizinische Aspekte:
Dem Unternehmen scheint ein sensationeller Durchbruch gelungen zu sein. Trotz aller Euphorie über den For-

schungserfolg sollte das Medikament sorgfältig geprüft werden. Es bleibt zu fragen, auf welche Teile des Körpers das Medikament lebensverlängernd wirkt. Die Substanzen könnten durchaus nur einen Teil der wichtigen Organe oder Körperteile betreffen. Der Leiter des Untersuchungsausschusses hat keine Beschreibung der Wirkungszusammenhänge ausgehändigt. Vor allem die Auswirkungen des Medikaments auf die Gehirnfunktionen, das Nervensystem, die Organe und das Knochengerüst sind von großer Bedeutung. Analysen der klinischen Tests sollten Aufschluss darüber geben, ob das Medikament sinnvoll ist und wann es eingesetzt werden darf, soll oder muss. Angenommen, es wirkt nur auf einen Teil der Bereiche, dann sollten gezielt Anstrengungen unternommen werden, ergänzende Medikamente zu entwickeln.

Gesellschaftliche Aspekte:
Falls die Verabreichung des Medikaments aufgrund der hohen Kosten nicht von den gesetzlichen Krankenkassen getragen wird, kann es zu einer Zwei-Klassen-Gesellschaft kommen. Nur wohlhabende Menschen könnten sich das teuere Medikament leisten und sich somit ein verlängertes Leben erkaufen. Falls sich dieser Trend bestätigen würde, hätte die Politik die Möglichkeit, hier einzugreifen. Es könnte eine Preisobergrenze festgelegt werden, sodass das Medikament durch gesetzliche Krankenkassen unterstützt wird.

Wirtschaftliche Aspekte:
Pharmaunternehmen haben immens hohe Forschungs- und Entwicklungskosten. Die Entwicklung eines Medikaments kann bis zu 500 Millionen Euro kosten, auch wenn das Medikament letztlich in Form einer Tablette für zehn Cents verkauft wird. Deshalb brauchen pharmazeutische Unternehmen so genannte Blockbuster (Medikamente mit extrem hohen Verkaufszahlen und langem Lebenszyklus), um ande-

re Forschungsprojekte finanzieren zu können. Das angekündigte Medikament könnte zu einem solchen Blockbuster werden. Somit würde es durch seine Umsätze die Entwicklung neuer wertvoller Medikamente ermöglichen. Darüber hinaus könnten durch eine Massenproduktion neue Arbeitsplätze zum Beispiel in der Herstellung und im Vertrieb geschaffen werden. Es muss allerdings geprüft werden, wie das Medikament finanziert werden soll. Da es eine äußerst wertvolle Wirkung besitzt, könnte der Preis entsprechend hoch angesetzt werden. Falls es aber von den gesetzlichen Krankenkassen akzeptiert würde, könnten die entstehenden Kosten zu Finanzierungsproblemen führen.

Politische Aspekte:
Wir leben in einer alternden Gesellschaft. Der Kopf der Alterspyramide wird breiter, sodass das Gebilde schon eher einer Säule gleicht. Darüber hinaus befinden wir uns momentan in einem Umbruch der Altersfinanzierung. Früher haben Kinder im Alter für ihre Eltern gesorgt. Künftig muss sich jeder schon im Vorfeld um seine Altersversorgung kümmern. Die heranwachsende Generation ist durch diese Verschiebung doppelt belastet. Wenn Menschen älter werden, müssen sie auch länger finanziert werden. Es bleibt somit zu prüfen, wie die physische Verfassung der Menschen nach der Einnahme des neuen Medikaments ist. Es könnte sein, dass man das Medikament schon bei jungen Menschen einsetzen kann, um so auch die arbeitsfähige Zeit zu verlängern. Andererseits könnte es sein, dass dieses Medikament erst sehr spät eingesetzt werden soll, in einem Alter bzw. Zustand, in dem Menschen nicht mehr arbeiten. Nach Beantwortung dieser Frage muss gegebenenfalls das Altersvorsorgemodell angepasst oder gar überarbeitet werden und geklärt werden, welche Auswirkungen das Medikament auf den Arbeitsmarkt hat.

VI. Abschätzungsfälle

35. Fallstudie: Bibliothek

Wie viele Buchseiten stehen in einem Bibliotheksraum von 16 Quadratmetern (4 x 4 Meter, Regalhöhe 2,50 Meter) zur Verfügung?

→ *Der Weg zur Lösung*

Die im Folgenden beschriebene Regalstruktur ist willkürlich gewählt. Es sollen lediglich Punkte aufgezeigt werden, die bei der Berechnung beachtet werden müssen. Die konkreten Maße können dabei variieren.

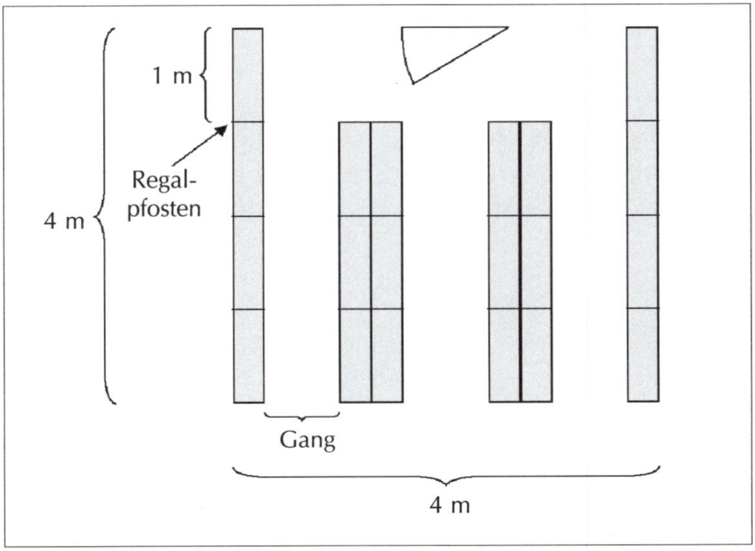

Bibliotheksraum

Zunächst muss abgeschätzt werden, wie viel Regalfläche zur Verfügung steht. Die Regale sind etwa 30 Zentimeter tief. Nur die äußersten Regale können von einer Wand zur anderen verlaufen, da im Bereich der Tür ausreichend Platz zum Durchgang gelassen werden muss. In der Mitte werden zwei Regal-Doppelreihen gestellt, sodass für die drei Gänge jeweils gut 70 Zentimeter bleiben. So lassen sich Regale mit einer Gesamtlänge von 20 Metern stellen. Damit die Regale nicht durchhängen, müssen Regalpfosten als Stütze berücksichtigt werden. Der Abstand zwischen den Stützen ist etwa ein Meter und die Stützen sind circa fünf Zentimeter breit. Solche Pfosten stehen auch am Wandende eines Regals. Die Pfosten können Regale in beide Richtungen tragen. In diesem Fall werden 26 Pfosten benötigt, wodurch die nutzbare Regallänge um 1,3 Meter (26 x 5 Zentimeter) auf 18,7 Meter verkürzt wird.

Als Sockel am Boden können zehn Zentimeter angenommen werden. Vom obersten Regalbrett bis zum Regalende sollten noch circa 15 Zentimeter Abstand sein, sodass die Bücher in der obersten Reihe eine ausreichende Seitenstütze haben. Von der angegebenen Regalhöhe von 2,50 Meter werden also der Sockel von zehn Zentimeter und die Stütze abgezogen, sodass 2,25 Meter für die Regale bleiben. Regalbretter sind circa zwei Zentimeter dick und im freien Abstand von ungefähr 30 Zentimeter angebracht.

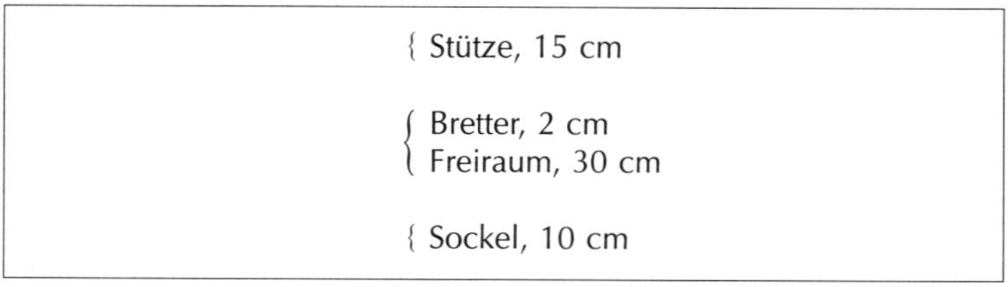

Regalansicht

Sieben Regalbretter mit einer Höhe von 32 Zentimetern (2 Zentimeter Brett, 30 Zentimeter Stellhöhe) ergeben eine Höhe von 2,24 Meter. Dazu kommt das oberste Brett als achte Ablage. Die nutzbare Regallänge ist 18,7 Meter lang, was bei acht Ebenen 146,4 Meter Stelllänge ergibt. Im Folgenden sollen der Einfachheit halber 150 Meter angenommen werden. Ein Zentimeter Buchdicke entspricht zwischen 130 und 300 Buchseiten. Als Durchschnitt werden hier 200 Seiten pro Buchzentimeter angenommen. Die Dicke des Einbands soll hier vernachlässigt werden. In den 15 000 Zentimeter Stelllänge (150 m x 100 cm/m) können also drei Millionen Buchseiten untergebracht werden.

36. Fallstudie: Flughafen

Sie sind auf Geschäftsreise und gerade auf dem Flughafen Wien gelandet. Im Anschluss an die Landung fällt auf rätselhafte Weise der Strom in ganz Wien aus. Zudem versagen die Notstromaggregate des Flughafens, wodurch der Verkehr zum Erliegen kommt und Sie sich für zunächst unbestimmte Zeit im Flughafen aufhalten müssen. Nach kurzer Zeit kommen Sie mit einem anderen Geschäftsreisenden ins Gespräch. Dieser wirft die Frage nach der Anzahl der Menschen, die am gestrigen Tag und daraus schlussfolgernd im ganzen Jahr im Flughafen Wien gelandet sind, in den Raum. Als kompetenter Unternehmensberater möchten Sie natürlich mit einer sofortigen Antwort glänzen.

→ *Der Weg zur Lösung*

Die Aufgabe kann über verschiedene logische Wege bearbeitet werden. Der Ausgangspunkt dieser Lösung ist zunächst ein Tag, der aus 24 Stunden besteht. 24 Stunden ergeben 1440 Minuten. Der Flughafen besitzt lediglich eine Start- und eine Landebahn. Wenn für die durchschnittliche Landung eines Flugzeugs sieben Minuten veranschlagt werden, können pro Tag 205,71 Flugzeuge landen. Um die folgenden Kalkulationen zu vereinfachen, wird mit 205 landenden Flugzeugen pro Tag weiter kalkuliert.

Zur weiteren Betrachtung kann zwischen verschiedenen Flugzeugtypen unterschieden werden. In diesem Lösungsvorschlag wird zwischen normalen Passagiermaschinen, Business Jets/City Hoppern und reinen Frachtflugzeugen unterschieden. Der Anteil der jeweiligen Flugzeugklasse an den Landevorgängen wird bezüglich der Passagiermaschinen auf 75 Prozent, der Business Jets/City Hopper auf 15 Prozent und der Frachtflugzeuge auf 10 Prozent geschätzt.

Im Folgenden wird die durchschnittliche Fluggastkapazität betrachtet. Diese schwankt bei normalen Passagiermaschinen und wird in dieser Lösung auf durchschnittlich 230 Passagiere pro Flugzeug geschätzt. In einem Flugzeug der Business-Jet-/City-Hopper-Klasse können im Schnitt 30 Passagiere Platz nehmen. In Frachtflugzeugen werden normalerweise keine Passagiere transportiert.

Die bisher betrachteten Zahlen beziehen sich auf eine ideale Auslastung der Flugzeuge. Davon kann allerdings nicht ausgegangen werden. So sind normale Passagiermaschinen zu etwa 85 Prozent und Business Jets/City Hopper zu etwa 80 Prozent ausgelastet. Daraus ergibt sich eine durchschnittliche Zahl von 195,5 Personen pro Passagierflugzeug und 24 pro Maschine der Business-Jet-/City-Hopper-Klasse.

Aus den bisher erhaltenen Werten lässt sich nunmehr die Anzahl landender Personen pro Tag ermitteln: Insgesamt landen rund 30 058 Personen pro Tag mit normalen Passagiermaschinen. Diese Zahl ergibt sich aus der Multiplikation der Gesamtzahl landender Flugzeuge pro Tag (= 205) mit dem Anteil dieser Flugzeugklasse (= 0,75) und der durchschnittlichen Anzahl an Fluggästen pro Flug (=195,5). Nach der Durchführung desselben Rechenvorgangs für die Fluggäste der Business-Jet-/City-Hopper-Klasse kommt man hier auf 738 landende Passagiere pro Tag. Aus der Addition der beiden Werte ergeben sich insgesamt 30 796 auf dem Flughafen Wien landende Personen pro Tag. Multipliziert mit der Anzahl der Tage pro Jahr (=365) erhält man nunmehr rund 11,2 Millionen landende Fluggäste pro Jahr. Damit ist die Frage beantwortet.

37. Fallstudie: Grashalme

Wie viele Grashalme gibt es schätzungsweise in einem Dorf mit etwa 2000 Einwohnern?

➔ *Der Weg zur Lösung*

In dieser Aufgabe sollte nicht der Fehler gemacht werden, einfach vorschnell eine Schätzung (zum Beispiel: »... etwa 5 Millionen!«) abzugeben. Vielmehr sollte man eine logische Struktur aufbauen, dieser konsequent folgen und sich somit der Lösung dieser Aufgabenstellung nähern. Eine mögliche Variante ist folgende:

Der Ausgangspunkt dieses Lösungswegs ist die Angabe der Einwohnerzahl. In der weiteren Vorgehensweise müssen viele Annahmen getroffen werden, wobei sich die Werte in einem realistischen Rahmen bewegen sollten: In einem durchschnittlichen Einfamilienhaus in ländlicher Umgebung leben etwa vier Personen; Mehrfamilienhäuser sind nicht zu finden. Danach stehen in dem Dorf insgesamt 500 Häuser.

Die durchschnittliche Grundstücksgröße beläuft sich auf 700 Quadratmeter. Von der Gesamtfläche müssen nunmehr 100 Quadratmeter für das Haus, 150 Quadratmeter für den Anbau von Lebensmitteln und Zierpflanzen sowie 50 Quadratmeter betonierte oder gepflasterte Fläche subtrahiert werden. Es verbleiben 400 Quadratmeter Fläche je Grundstück, die für einen Rasen genutzt werden.

Daraus errechnet sich eine Gesamtrasenfläche von 200 000 Quadratmeter innerhalb des Dorfes. Die Summe ergibt sich aus der Multiplikation der 500 Häuser und der 400 Quadratmeter Rasenfläche je Grundstück. Bei der Betrachtung bleiben umliegende Flächen, die landwirtschaftlich genutzt werden, unbeachtet.

Auf einem Quadratzentimeter finden sich in der Regel 20 Grashalme. Somit ergibt sich eine Gesamtzahl von 200 000 Grashalmen je Quadratmeter. Basierend auf der Annahme, dass innerhalb des Dorfes 200 000 Quadratmeter für Rasen genutzt werden, lässt sich eine Gesamtzahl von 40 Milliarden Grashalmen errechnen.

38. Fallstudie: Gebrauchtmotorradmarkt

Ein großer Anbieter von Motorrädern denkt über die Ausweitung seiner Leistungspalette nach. Eine Variante stellt die Erweiterung des Angebots durch den Verkauf von Gebrauchtmotorrädern aller Marken dar. Der Vertrieb soll in den eigenen, bereits vorhandenen Verkaufsräumen erfolgen. Bei einem ersten Meeting kommt die Frage nach dem gesamten Transaktionsvolumen von Gebrauchtmotorrädern pro Jahr auf.

→ *Der Weg zur Lösung*

Für diese Aufgabe gibt es eine Vielzahl von möglichen Lösungsstrategien. Dabei sollte ein strukturiertes Vorgehen und Verständnis für realistische Werte an den Tag gelegt werden.

Der Ausgangspunkt des hier vorgeschlagenen Lösungswegs sind die 80 Millionen Einwohner Deutschlands. Von dieser Gesamtzahl an Einwohnern ist allerdings – bis auf einige zu vernachlässigende Ausnahmen – nur die Altersgruppe zwischen 16 und 50 Jahren zu den aktiven Motorradfahrern zu rechnen. Der Anteil dieser Altersgruppe an der Gesamtbevölkerung wird auf etwa 50 Prozent geschätzt. Von diesen 40 Millionen Menschen hat allerdings nur ein geringer Anteil einen Motorradführerschein. Dieser Anteil wird auf zehn Prozent geschätzt, sodass sich eine Gesamtzahl von vier Millionen Führerscheinbesitzern für Motorräder in Deutschland ergibt. Allerdings ist nicht jeder Führerscheinbesitzer ein aktiver Motorradfahrer. Wenn man einen Anteil von 30 Prozent zugrunde legt, ergeben sich insgesamt 1,2 Millionen Menschen, die aktiv am Motorradfahren interessiert sind.

Motorräder wechseln häufiger ihre Besitzer als PKWs. Die

Annahme, dass jeder zweite Motorradfahrer innerhalb eines Jahres eine Maschine neu erwirbt oder ersetzt, ist also durchaus realistisch. Somit liegt das Transaktionsvolumen bei 600 000 Motorrädern im Jahr in Deutschland. In dieser Gesamtzahl sind allerdings schätzungsweise 30 Prozent Neumaschinen enthalten, sodass sich letztlich ein Transaktionsvolumen für Gebrauchtmotorräder von 420 000 Stück pro Jahr in Deutschland ergibt.

Diese Motorräder sind allerdings nicht alle gleich teuer. Für diesen Lösungsansatz wird zwischen drei Klassen differenziert. Dazu zählt zunächst die Klasse der Einsteigermotorräder, die in der Regel einen Hubraum von 125 bis 500 Kubikzentimetern aufweisen. In dieser Klasse wechseln Maschinen durchschnittlich für 4000 Mark ihren Besitzer. Der Anteil am Gesamtvolumen wird auf 45 Prozent geschätzt. Dies liegt vor allem an der zunehmend größer werdenden Käufergruppe der 40- bis 50-Jährigen, die Leichtkrafträder fahren dürfen, wenn sie den Autoführerschein vor dem 1. April 1980 erworben haben. Somit werden insgesamt 189 000 Maschinen dieser Art pro Jahr umgesetzt, woraus sich ein Transaktionsvolumen von 0,756 Milliarden Mark ergibt.

Die zweite Kategorie bilden die Motorräder der preislichen Mittelklasse, die durchschnittlich für 7000 Mark ihren Besitzer wechseln. In dieser Klasse sind vor allem Naked Bikes, Reiseenduros und Chopper der Hubraumspanne zwischen 500 und 1000 Kubikzentimeter enthalten. Der Anteil der zweiten Motorradklasse am Gesamtvolumen wird auf etwa 35 Prozent geschätzt, sodass sich hier eine Gesamtzahl von 147 000 verkauften gebrauchten Motorrädern pro Jahr in Deutschland ergibt. Multipliziert mit dem durchschnittlichen Kaufpreis hat diese Klasse ein Marktvolumen von 1,029 Milliarden Mark.

Die dritte Klasse enthält Motorräder der Oberklasse. Diese Motorräder zeichnen sich durch besonders großen

Hubraum und überdurchschnittliche Leistung aus. Die Maschinen, vornehmlich Sportmotorräder und Chopper der Luxusklasse, sind auch im Anschaffungspreis teuerer als die der bereits beschriebenen Kategorien. So werden gebrauchte Motorräder der Oberklasse für durchschnittlich 9000 Mark verkauft. Der Anteil am Gesamtmarkt beläuft sich auf etwa 20 Prozent. Damit ergibt sich bei 84 000 verkauften Motorrädern ein Transaktionsvolumen von 0,756 Milliarden Mark jährlich in Deutschland.

Die Summe der Transaktionsvolumina der drei Motorradklassen ergibt (0,756 + 1,029 + 0,756) 2,541 Milliarden Mark.

Dies ist der nach der Aufgabenstellung zu errechnende Wert. Trotz der vielen Annahmen, auf denen dieser Lösungswert basiert, sollte sich dieser in einem realistischen Bereich bewegen.

39. Fallstudie: Grabsteine

Ihr Onkel ist Besitzer und Geschäftsführer eines äußerst erfolgreichen Steinmetzbetriebs, der sich auf die Renovierung von Grabsteinen spezialisiert hat. Hierzu zählen deutschlandweit Niederlassungen und Vertriebspartner. Ihr Onkel plant, vorzeitig in den Ruhestand zu gehen, was einen Verkauf des Unternehmens oder eine Übergabe an einen würdigen Nachfolger bedeuten würde. Da Sie in Ihrer Familie als analytischer Denker bekannt sind, werden Sie ausgewählt, um den aktuellen Bestand an Grabsteinen in Deutschland abzuschätzen. Diese Kennziffer erlaubt es Ihrem Onkel dann, die notwendigen Schlüsse im Hinblick auf das Potenzial des Marktes und entsprechende Konsequenzen für den Firmenwert bei einem eventuellen Verkauf zu ziehen.

→ *Der Weg zur Lösung*

Bei der Ermittlung des Grabsteinbestands muss eine große Anzahl an Variablen in die detaillierte Rechnung mit einbezogen werden. Exemplarisch sollen an dieser Stelle eine Reihe von vereinfachten Annahmen getroffen werden, die es dem Bearbeiter der Fallstudie schnell ermöglichen, zum eigentlichen Kern der Aufgabe vorzudringen.

Wir gehen davon aus, dass die durchschnittliche Lebenserwartung eines Menschen in Deutschland bei etwa 80 Jahren liegt. Hierbei werden bereits erste Abschätzungsfehler begangen, da das Durchschnittsalter geschlechtsspezifisch berechnet werden müsste. Darüber hinaus liegt im Moment selbst die durchschnittliche Lebenserwartung von Frauen, die älter werden als Männer, knapp unter 80 Jahren.

Dann gehen wir von der aktuellen Bevölkerung in Deutschland von etwa 80 Millionen Menschen aus. Auch diese Zahl basiert lediglich auf einer groben Schätzung und bestimmt den Kalkulationsrahmen dieser Aufgabenstellung. Diese Annahme impliziert, dass die durchschnittliche Geburtenrate der Sterberate in Deutschland entspricht, was als eine weitere Abweichung von der Realität hingenommen werden muss.

Als hinreichend genaues weiteres Fixum soll davon ausgegangen werden, dass ein Grab auf einem Friedhof durchschnittlich 20 Jahre reserviert ist. Auch diese Zahl beruht auf einer Annahme, denn tatsächlich kann dieser Punkt, je nach Friedhof, ganz unterschiedlich geregelt sein. Prinzipiell sollen an dieser Stelle die Möglichkeiten, Familien- oder Partnergräber zu beziehen, außer Acht gelassen werden. Ferner wird für die hier betrachteten Rechnungen ein Grab auch tatsächlich stets mit einem Grabstein versehen.

Nachdem wir also mit diesen vereinfachten Annahmen und Daten unsere Abschätzung stark begrenzt haben, können wir in einem nächsten Schritt einige einfache Rechnungen (optimalerweise im Kopf) durchführen.

Bei einer durchschnittlichen Lebenserwartung von 80 Jahren machen die Verstorbenen in Deutschland einen Anteil von 1/80 der Gesamtbevölkerung aus. Wenn wir davon ausgehen, dass die Grabsteine jeweils nur ein Jahr stehen bleiben, so würde 1/80 von 80 Millionen eine Zahl ergeben, die der Anzahl der Grabsteine in Deutschland entspricht. Da die Grabsteine aufgrund unserer Annahme jedoch 20 Jahre stehen bleiben, muss dieser Wert mit der Anzahl der Jahre, die die Grabsteine vorhanden sind, multipliziert werden. Wir erhalten also einen Wert von 20/80, bezogen auf 80 Millionen. Dies entspricht einem Viertel der Gesamtbevölkerung. Um zu der Gesamtzahl der Grabsteine zu gelangen, multipliziert man den Koeffizienten mit der Gesamtbevölkerungszahl und erhält das gesuchte Ergebnis. In unserem Fall ergibt dies bei angenommenen 80 Millionen Menschen 20 Millionen Grabsteine:

	Durchschnittliche Sterberate (1/80)	0,0125
x	Erhaltungsdauer eines Grabsteins (Jahre)	20
=	**Anteil der Grabsteine (bezogen auf die Gesamtbevölkerung)**	**0,25**
x	Gesamtbevölkerung in Deutschland	80 000 000
=	**Anzahl der Grabsteine in Deutschland**	**20 000 000**

40. Fallstudie: Tankstellen

Gehen Sie davon aus, dass die deutsche Regierung aufgrund heftiger Diskussionen um die Ökosteuer, die auf jeden Liter verkauften Benzins an Tankstellen erhoben wird, überlegt, die Bemessungsgrundlage der Ökosteuer zu verändern. In Zukunft soll jede öffentlich zugängliche Tankstelle statt der Abgabe pro verkaufter Menge Benzin jährlich einen Pauschalbetrag entrichten. Sie gehören der Kommission an, die sich mit der Berechnung der Einzelheiten dieser Gesetzesänderung befasst. Die Kommission befindet sich erst am Anfang ihrer Überlegungen und benötigt zunächst eine hinreichend genaue Schätzung der Gesamtanzahl der Tankstellen in Deutschland. Wie erhalten Sie dieses Ergebnis?

→ *Der Weg zur Lösung*

Zur Lösung dieser Fragestellung müssen wir zunächst eine Reihe von Grundannahmen treffen. Bei dieser Art Fallstudien ist es im Interview nicht entscheidend, ob die jeweilige Grundannahme, von der Sie bei der Bearbeitung des Falles ausgehen, exakt der Realität entspricht. Es kommt vielmehr darauf an, einen nachvollziehbaren Lösungsweg aufzuzeigen, die Genauigkeit der Abschätzung spielt dabei eine untergeordnete Rolle. Die Plausibilitätsprüfung ermöglicht es Ihnen, abschließend die Qualität und die Realitätsnähe der Annahmen zu evaluieren.

Ziel unseres Lösungswegs ist es, die Anzahl der Fahrzeuge (Kfz) in Deutschland abzuschätzen und auf der Basis dieser Zahl die wöchentlich an Tankstellen in Deutschland betankten Fahrzeuge zu ermitteln. Aus dem Quotienten dieser beiden Werten lässt sich die Anzahl der Tankstellen im Bundesgebiet ermitteln. Unser Ergebnis wird auf der Annahme basieren, dass jedes Fahrzeug im Durchschnitt einmal pro Woche betankt wird. Diese Annahme ist für Vielfahrer sicher nicht zutreffend, dennoch gibt es auch Autobesitzer, die weniger häufig tanken müssen.

Die nächsten Annahmen beschäftigen sich mit der Anzahl der Kfz, die eine Tankstelle durchschnittlich mit Benzin versorgt. Die Rechnung soll hier zunächst dargestellt und anschließend erläutert werden. Sämtliche Angaben sind Durchschnittswerte.

	Anzahl der Zapfsäulen (pro Tankstelle)	4
x	Anzahl der Fahrzeuge, die pro Stunde an einer Zapfsäule tanken	6
=	**Anzahl der tankenden Fahrzeuge (pro Stunde und Tankstelle)**	**24**
x	Anzahl der verkaufsoffenen Stunden (pro Tankstelle)	16
=	**Anzahl der tankenden Fahrzeuge (pro Tag und Tankstelle)**	**384**
x	Geöffnete Tage (pro Woche und Tankstelle)	7
=	**Anzahl der tankenden Fahrzeuge (pro Woche und Tankstelle)**	**2688**

Bei dieser Rechnung gehen wir von durchschnittlich vier Zapfsäulen je Tankstelle aus. Die Anzahl der Autos, die in einer Stunde an einer Zapfsäule tanken, wird auf sechs abgeschätzt. Zu verkehrsstarken Zeiten sind die Zapfsäulen sicherlich stärker frequentiert, allerdings müssen auch die Zeiten mit nur wenig oder keiner Kundschaft mit einbezogen werden. Multipliziert man diese beiden Werte, so erhält man die Anzahl der tankenden Fahrzeuge je Stunde und Tankstelle. Um nun zu der Anzahl der Kfz, die pro Tag an einer Tankstelle bedient werden, zu gelangen, wird der ermittelte Wert mit den durchschnittlichen verkaufsoffenen Stunden multipliziert. Eine Vielzahl von Tankstellen hat bereits entweder 24 Stunden mit Personal geöffnet oder zumindest einen Tankautomaten, der jederzeit auch ohne Personal vom Kunden benutzt werden kann. Dennoch gibt es diesen Service bei weitem noch nicht an allen Tankstellen, weshalb wir von durchschnittlich 16 Öffnungsstunden pro Tag ausgehen. Dieser Wert führt, multipliziert mit der Anzahl der geöffneten Tage pro Woche, zu der Zahl der wöchentlich betankten Fahrzeuge je Tankstelle. Obwohl nicht alle Tankstellen einen 24-Stunden-Service bieten, so ist doch die überwältigende Mehrheit an allen Wochentagen geöffnet.

Durch diese Herleitung ergibt sich ein Wert von 2688 tankenden Autos je Tankstelle und Woche in Deutschland.

Entscheidend bei dieser Rechnung ist die Anzahl der Fahrzeuge in Deutschland:

	Anzahl der in Deutschland lebenden Menschen	80 000 000
x	Anteil der Bevölkerung über 18 Jahren	70 %
=	**Anzahl der potenziellen Autobesitzer**	**60 000 000**
x	Anteil der tatsächlichen Autobesitzer	50 %
=	**Anzahl Fahrzeuge in Deutschland**	**30 000 000**

Grundlage unserer Überlegung ist die Abschätzung der Bevölkerungszahl in Deutschland. Um überhaupt für das Fahren und damit den Besitz eines Autos in Frage zu kommen, ist aufgrund der gesetzlichen Bestimmungen von einem Mindestalter auszugehen, das bei 18 Jahren liegt. Der Anteil der über 18-Jährigen wird abgeschätzt, um die Anzahl der potenziellen Autobesitzer ermitteln zu können. Allerdings hat nicht jeder Einwohner in Deutschland, der die Altersbestimmungen erfüllt, auch ein Auto. Gleichzeitig ist davon auszugehen, dass Einige sogar zwei oder mehr Autos besitzen. Diesen Überlegungen wird in der Abschätzung Rechnung getragen. Wir kommen also auf etwa 30 Millionen Fahrzeuge in Deutschland.

Das Ergebnis dieses Abschätzungsfalls erhält man, indem man die Anzahl der Kfz durch die Anzahl der Kfz pro Tankstelle dividiert.

	Anzahl der Fahrzeuge in Deutschland	30 000 000
÷	Anzahl der tankenden Autos (pro Woche und Tankstelle)	2688
=	**Anzahl der Tankstellen in Deutschland**	**11 160**

41. Fallstudie: Glühbirnen

Nehmen Sie an, Ihr bester Freund ist einer der Urenkel Edisons mit einer Faszination für alles, was mit Licht und speziell mit Glühbirnen zu tun hat. Aus diesem Grund hat er bereits eine umfangreiche Datenbank mit Fakten, Hochrechnungen und Abschätzungen informativer, nützlicher und nebensächlicher Art zum Thema »Die Glühbirne und ihre Verwendung« zusammengetragen. Als Vergleichszahl fehlt Ihrem Freund aber noch die Anzahl der pro Jahr in Deutschland verkauften Glühbirnen. Er bittet Sie, eine hinreichend genaue Abschätzung vorzunehmen.

→ *Der Weg zur Lösung*

Für diese Berechnung gehen wir davon aus, dass jede in Deutschland verwendete Glühbirne einmal pro Jahr durch eine neue ausgewechselt wird. Grundlage der Berechnung ist die Anzahl der Haushalte in Deutschland.

	Anzahl der in Deutschland lebenden Menschen	80 000 000
÷	Anzahl der Personen pro Haushalt	3
=	**Anzahl der Haushalte in Deutschland**	**26 666 667**

Aufgrund der Tendenz zur Kleinfamilie und zum Singlehaushalt liegt es nahe, von durchschnittlich drei Bewohnern je Haushalt auszugehen.

Als Mittelwert nehmen wir an, dass 20 Glühbirnen pro Haushalt verwendet werden. Multipliziert man diesen Wert mit der Anzahl der Haushalte, so erhält man die Anzahl der Glühbirnen:

	Anzahl der privaten Haushalte in Deutschland	26 666 667
x	Anzahl der Glühbirnen pro Haushalt	20
=	**Anzahl der Glühbirnen in Deutschland (in privaten Haushalten)**	**533 333 340**

Um die Glühbirnen, die in öffentlichen Gebäuden, in Büros und der Industrie verwendet werden, ebenfalls in die Kalkulation einzubeziehen, wird der für private Haushalte ermittelte Wert in einer an dieser Stelle nicht weiter hinterfragten Annahme verdreifacht. Zur Herleitung der genaueren Anzahl der Glühbirnen in öffentlichen Gebäuden, Büro- und Geschäftsgebäuden sowie Fabrikhallen könnten Abschätzungen zum Beispiel über die Anzahl der jeweiligen Institutionen und Unternehmen in Deutschland vorgenommen werden. Dann könnte die durchschnittliche Anzahl der Gebäude und deren Größe abgeschätzt werden, um in einem weiteren Schritt zur Zahl der verwendeten Glühbirnen zu gelangen. Dieser sicherlich durch eine Vielzahl weiterer Abschätzungen begleitete Herleitungsweg soll an dieser Stelle nicht betrachtet werden:

	Anzahl der Glühbirnen in Deutschland (in privaten Haushalten)	**533 333 340**
x	Faktor für öffentliche Gebäude, Büros und Industrie	3
=	**Anzahl der jährlich verkauften Glühbirnen in Deutschland**	**1 600 000 000**

Insgesamt kommt man also unter Berücksichtigung der getroffenen Annahmen zu jährlich 1,6 Milliarden verkauften Glühbirnen in Deutschland.

42. Fallstudie: Apfelschorle

Sie haben einen Krug mit einem Fassungsvermögen von 0,5 Liter mit Apfelschorle gefüllt. Das Mischungsverhältnis ist zwei Drittel Apfelsaft und ein Drittel Mineralwasser. Der Inhalt des Kruges soll nun gleichmäßig auf zwei Gläser mit einem Fassungsvermögen von jeweils 0,3 Liter verteilt werden. Da die Gläser nicht ganz voll sind, werden sie mit Mineralwasser aufgefüllt.

Wie hoch ist der prozentuale Anteil von Apfelsaft und Mineralwasser in einem Glas?

➜ *Der Weg zur Lösung*

Sie verteilen 0,5 Liter Apfelschorle gleichmäßig auf beide Gläser, sodass sich in jedem Glas 0,25 Liter Apfelschorle mit dem Mischungsverhältnis zwei Drittel Apfelsaft zu einem Drittel Mineralwasser befinden. Das bedeutet, dass jeweils 0,0833 Liter Mineralwasser (1/3 x 0,25 Liter) und 0,1667 Liter Apfelsaft (2/3 x 0,25 Liter) in einem Glas sind. Füllt man nun beide Gläser mit jeweils 0,05 Liter Mineralwasser auf, enthält jedes Glas 0,1333 Liter Mineralwasser und 0,1667 Liter Apfelsaft. Der prozentuale Anteil an Mineralwasser beträgt demnach:
0,1333 Liter ÷ 0,3 Liter x 100 = 44,43 Prozent

Der prozentuale Anteil an Apfelsaft beträgt demnach:
0,1667 Liter ÷ 0,3 Liter x 100 = 55,57 Prozent

VII. Brain Teaser

43. Fallstudie: Wohnzimmerbeleuchtung

Im Wohnzimmer Ihres Freundes sind insgesamt drei Lampen angebracht. Jede dieser Lampen wird durch einen eigenen Schalter im Vorrraum des Wohnzimmers an- beziehungsweise ausgeschaltet. Da sich die Lichtschalter hinter der Tür zum Wohnzimmer befinden, muss die Tür geschlossen sein, um die Schalter bedienen zu können. Es gibt keine Möglichkeit, wenn die Tür geschlossen ist, vom Vorraum in das Wohnzimmer zu sehen.

Ihr Freund stellt Ihnen nun die Aufgabe festzustellen, mit welchem Lichtschalter Sie welche Lampe anschalten können. Außerdem dürfen Sie das Wohnzimmer nur einmal betreten, ansonsten ist die Tür zwischen den Räumen geschlossen. Wie gehen Sie vor?

→ *Der Weg zur Lösung*

Mit dieser Denksportaufgabe wird Ihr logisches Denken getestet. In der Regel wird bei einem solchen Fall aber auch gerne gesehen, wenn der Bewerber kreative Ansätze zur Lösung des Problems findet.

Eine eher orthodoxe Vorgehensweise wäre sicherlich, wenn man ein Loch in die Tür oder die Wand zwischen Vorraum und Wohnzimmer schlägt. Dadurch ließe sich bei der Betätigung der Lichtschalter genau beobachten, welche Lampe beim Betätigen welches Schalters reagiert. Dieses Vorgehen verstößt nicht gegen die Restriktion, dass die Tür geschlossen bleiben muss, dürfte aber aller Voraussicht nach auf wenig Freude bei Ihrem Freund stoßen. Eine weniger destruktive Lösung der Aufgabe wäre zum Beispiel, den ersten Lichtschalter zu drücken und die Lampe nach etwa zehn Minuten wieder auszuschalten. Danach schaltet man den zweiten Schalter an und begibt sich ins Wohnzimmer. Die brennende Lampe kann direkt dem umgelegten Lichtschalter zugeordnet werden. Man fasst dann die beiden anderen Glühbirnen an. Die erste Lampe, die für zehn Minuten angeschaltet war, ist in der Regel noch warm. So kann diese Lampe dem zuerst betätigten Lichtschalter zugeordnet werden. Daraus ergibt sich, dass zur dritten Lampe der noch nicht betätigte Lichtschalter gehört.

44. Fallstudie: Connect Brain Teaser

Bei dieser Aufgabe sollen die in der folgenden Abbildung dargestellten neun Punkte mit den vier Geraden verbunden werden. Sie haben dazu zwei Minuten Zeit.

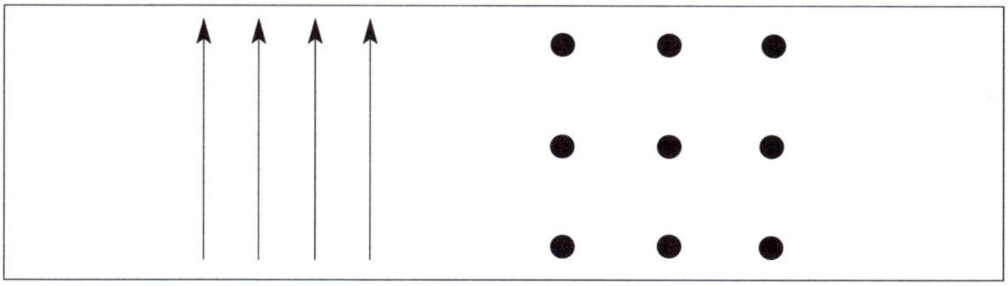

Aufgabenstellung des Connect Brain Teaser

Bitte beachten Sie, dass die Richtungspfeile der Geraden in Bezug zueinander gesetzt werden, sodass Gerade eins bis vier einen Weg durch die Punkte beschreiben.

→ *Der Weg zur Lösung*

Die vier Geraden müssen zur Lösung der Aufgabenstellung in einer bestimmten Reihenfolge gezogen werden. Dabei soll der Bearbeiter zeigen, dass er über ein geometrisches Verständnis verfügt. In der folgenden Abbildung ist die Lösung dieser Aufgabe in zwei Schritte unterteilt:

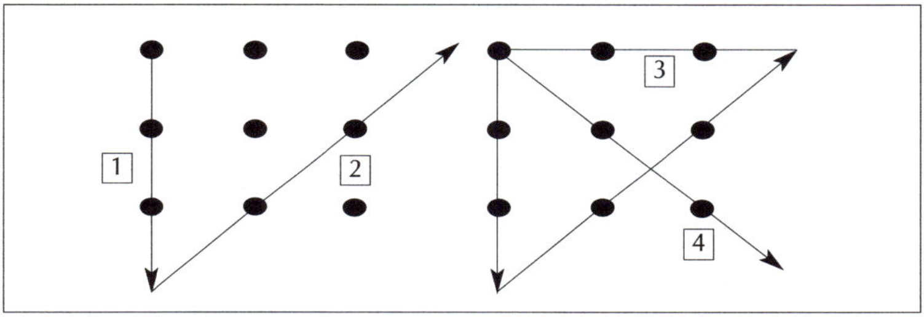

Lösungsstrategie zu Connect Brain Teaser

Die erste Gerade beginnt in diesem Lösungsvorschlag am linken oberen Eckpunkt und führt über den linken unteren Eckpunkt hinaus. Von diesem Punkt ab wird die zweite Gerade in einem 45-Grad-Winkel nach rechts oben gezogen. Die Vorgehensweise ist im linken Teil der Abbildung visualisiert. Vom rechten oberen Eckpunkt startet die dritte Gerade, die horizontal verläuft und am linken oberen Eckpunkt endet. Hier schließt sich die vierte Gerade an, die in einem 45-Grad-Winkel versetzt nach links unten gezogen wird, um die letzten beiden der neun Punkte zu schneiden. Die letzten beiden Schritte sehen Sie im rechten Teil der unteren Abbildung auf Seite 219.

45. Fallstudie: Geometrie-Brain-Teaser

Die Aufgabe dieses Brain Teasers besteht in der strukturierten Unterteilung der folgenden geometrischen Figur. Entscheidend dabei ist ein gutes geometrisches Verständnis.

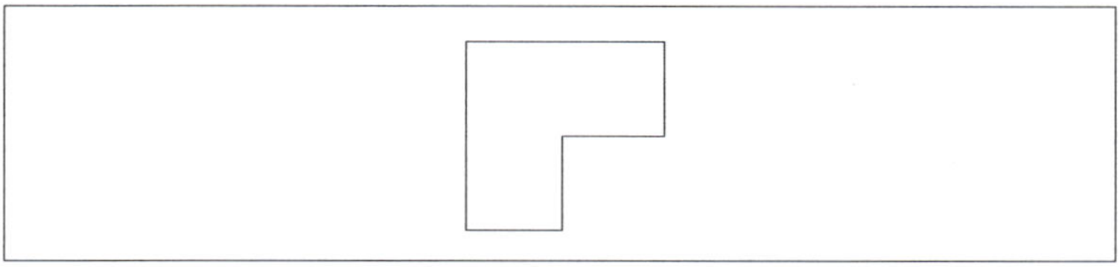

Ausgangsgrafik des Geometrie-Brain-Teaser

Teilen Sie die Figur in zwei, drei und vier gleiche Bereiche. Bei dieser Aufgabe stehen in der Regel zwei Minuten Bearbeitungszeit zur Verfügung.

→ *Der Weg zur Lösung*

Beginnen sollte man mit der Unterteilung in zwei gleiche Bereiche, wobei diese Aufgabe keine besonderen Anforderungen an Ihr geometrisches Verständnis stellen dürfte. Die Vorgehensweise ist der Darstellung im linken Teil der folgenden Abbildung zu entnehmen.

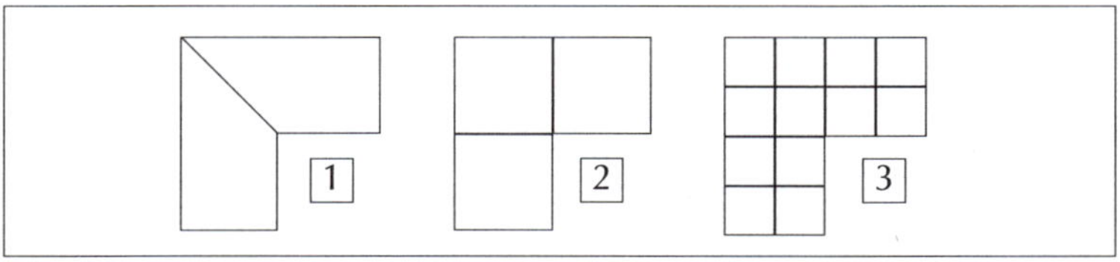

Lösungsvorschlag zum Geometrie-Brain-Teaser

Ebenso einfach gestaltet sich die Aufteilung der geometrischen Figur in drei Teile.

Etwas aufwendiger wird demgegenüber die Unterteilung in vier gleiche Teile, da eine feinere Strukturierung der Figur gewählt werden muss. Dazu kann die Figur in zwölf gleich große Quadrate unterteilt werden. Um die vier gleichen Figuren innerhalb der Ausgangsfigur abzugrenzen, muss jede Figur aus drei der zwölf Quadrate zusammengesetzt werden. Eine einfach zu realisierende Variante wird im rechten Teil der unteren Abbildung auf Seite 221 visualisiert.

46. Fallstudie: Grüne Mönche

Gehen Sie von folgenden Annahmen aus: In einer abgelegenen Schlucht im Himalaja lebt eine Mönchsgemeinschaft in einem einsamen Bergkloster. Die 100 Mönche leben streng auf ihren Glauben fokussiert und vermeiden jede Art von Kommunikation. Dies erstreckt sich sowohl auf die Kommunikation mit der Außenwelt als auch auf die Kommunikation miteinander. Die Mönche treten also weder durch Sprache, Laute, Gesten oder geschriebene Botschaften in Kontakt. Darüber hinaus gibt es dort keine Spiegel.

Jedes Jahr erwarten die Mönche den 1. November mit Schrecken. Seit jeher wird das Kloster an diesem Tag von einer mysteriösen, ansteckenden und ohne Behandlung tödlich verlaufenden Krankheit heimgesucht. Erstes erkennbares Symptom ist die grünliche Verfärbung der Gesichter. Die Anzahl der in einem Jahr von der Krankheit befallenen Mönche kann nicht vorhergesagt werden. Da die Mönche keine Medikamente gegen diese Krankheit besitzen, gelten strenge Verhaltensregeln innerhalb der Gemeinschaft. Sie wurden aufgestellt, um den Fortbestand der Klostergemeinschaft zu sichern und die Ansteckungsgefahr für gesunde Mönche zu minimieren. Wegen der fehlenden Kommunikation muss jeder betroffene Mönch seine Erkrankung selbst erkennen und sofort das Kloster verlassen. Jeden Morgen treffen sich die Mönche zum gemeinsamen stillen Gebet und die Gemeinschaft erkennt dort die erkrankten Mönche. In diesem Jahr erkranken fünf Mönche. Wie viele Tage dauert es, bis alle fünf Mönche das Kloster verlassen haben?

Anmerkung: Diese Aufgabe gehört zu den anspruchsvolleren Logikproblemen, die Sie in einem Interview erwarten können. Lassen Sie sich nicht verunsichern, wenn Sie nicht auf Anhieb zu einer Lösung kommen. Die einwandfreie Lösung dieser Aufgabe gelingt den wenigsten sofort und unter Zeitdruck. Dennoch lässt sich an dieser Aufgabe sehr gut die häufig bei solchen Fragestellungen anwendbare Vorgehensweise der Abstraktion vom Ein-Objekt-Fall aufzeigen.

➜ *Der Weg zur Lösung*

Für die Lösung dieser Fallstudie ist die Betrachtung aus der Perspektive eines Betroffenen zielführend. Diese Vorgehensweise lässt sich auch auf weitere Probleme dieser Art anwenden.

Ab dem 1. November hält jedermann Ausschau nach erkrankten Mitbewohnern. Wenn ein Mönch bei dem gemeinsamen stillen Gebet alle anderen Mönche ansieht und feststellt, dass keiner von ihnen erkrankt ist, muss er daraus schließen, dass er selbst ein grünes Gesicht hat. Die Konsequenz ist, dass er nach einem Tag das Kloster verlässt.

Sind allerdings zwei »grüne Mönche« im Kloster, so sehen sich diese beim morgendlichen Gebet und jeder nimmt den jeweils anderen als Erkrankten wahr, ohne sich der eigenen Erkrankung bewusst zu sein. Ein Tag vergeht und beide treffen sich am nächsten Morgen wieder. Die beiden Erkrankten erkennen den Denkfehler vom Vortag und wissen, dass auch sie infiziert sind – die Gesichtsfarbe der übrigen Mönche ist normal. Beide verlassen in dieser Nacht das Kloster, sodass es im Fall von zwei Kranken zwei Tage dauert, bis sie das Kloster verlassen haben.

Im Fall von drei kranken Mönchen sieht jeder der kranken Mönche am ersten Tag zwei, die definitiv erkrankt sind und erwartet, dass sie sich am nächsten Morgen erkennen werden und am nächsten Tag das Kloster verlassen. Geschieht dies allerdings nicht, so erkennt der dritte kranke Mönch am

Morgen des dritten Tages, dass auch er erkrankt ist. Bei drei erkrankten Mönchen dauert es demnach also drei Tage, bis alle Kranken das Kloster verlassen haben.

Diese Überlegungen lassen sich nun analog auf jede Anzahl von erkrankten Mönchen anwenden.

Die Gedanken, die sich jeder Mönch macht, sind einfach: Da er alle anderen außer sich sieht, kann die maximale Anzahl der erkrankten Brüder die Anzahl der für ihn sichtbaren grünen Gesichter plus er selbst sein. Grundsätzlich geht kein Mönch davon aus, dass er selbst unter den Betroffenen ist, sobald er einen anderen als erkrankt identifiziert. Unter dieser sowohl logisch wie menschlich plausiblen Annahme erkennt also ein Mönch nach x Tagen, dass er zu den Befallenen gehört, wenn insgesamt x Mönche die Gemeinschaft krankheitsbedingt verlassen müssen.

Demnach dauert es genau fünf Tage, bis alle fünf erkrankten Mönche das Kloster verlassen haben.

47. Fallstudie: Himmel oder Hölle

Sie gehen bei schönem Wetter im Wald spazieren. Aus heiterem Himmel wird es sehr windig und mit einem lauten Knall erscheint ein Zauberer. Er schlägt Ihnen eine faire Aufgabe vor, die Sie nur aufgrund Ihrer analytischen Brillanz lösen können. Selbstbewusst stimmen Sie zu. Neben der intellektuellen Herausforderung reizt Sie auch die fantastische Belohnung, die Sie für das Lösen der Aufgabe erhalten werden.

Sie akzeptieren also und werden im gleichen Moment mit einem lauten Knall auf eine Wolke gezaubert. Auf dieser Wolke sehen Sie zwei identische Türen. Vor diesen beiden Türen stehen zwei identisch aussehende Zwillinge als Wächter. Die Stimme des Zauberers ertönt durch die Wolken und erklärt Ihnen, dass Sie durch die eine Tür direkt in den Himmel gelangen, durch die andere direkt in die Hölle. Sie dürfen nur einem der beiden Wächter eine Frage stellen, die mit ja oder nein beantwortet werden kann. Danach müssen Sie sich für eine Tür entscheiden und durch diese gehen. Bereits durch die etwas unwirkliche Situation eingeschüchtert, ahnen Sie, dass ein Haken an der Sache sein muss. Der Zauberer warnt Sie, vorsichtig bei Ihrer Fragestellung und der anschließenden Wahl der Tür zu sein, denn einer der beiden Wächter sage immer die Wahrheit, während der andere prinzipiell lüge. Welche Frage stellen Sie welchem Wächter und für welche Tür entscheiden Sie sich?

→ *Der Weg zur Lösung*

Diese auf rein logischen Kriterien basierende Lösung lässt sich anhand einer Fallunterscheidung darstellen.

Eine mögliche Fragestellung, die geeignet ist, um die Wahrheit herauszufinden, ist:

»Ich frage dich, Wächter eins: Was würde Wächter zwei zu mir sagen, wenn ich ihn frage, ob hinter deiner Tür der Himmel liegt?«

Wir gehen zunächst davon aus, dass sich hinter der Tür von Wächter eins (W1) der Himmel und hinter der Tür von Wächter zwei (W2) die Hölle befindet.

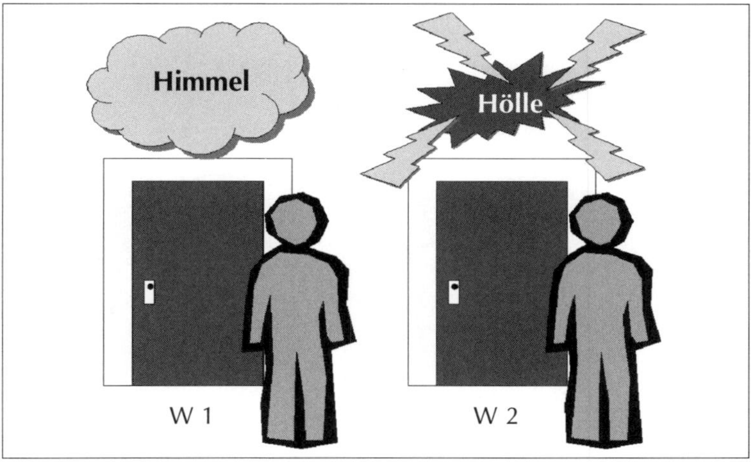

Himmel und Hölle im ersten Fall

Unter dieser Voraussetzung gibt es wiederum zwei Möglichkeiten, die zu unterscheiden sind. Im ersten Fall ist W1 der notorische Lügner und W2 sagt immer die Wahrheit. Von daher würde sich als Antwort auf die Frage an W1 ergeben, dass W2 mit »Nein« antworten würde. Ist allerdings W1 die »ehrliche Haut«, während W2 das »schwarze Schaf« der beiden ist, wäre die Antwort auf Ihre Frage an W1 ein eindeutiges »Nein«. Diese Aussage basiert darauf, dass die Aussage von W2 in diesem Fall ein »Nein« sein würde, da er ja lügt. Da W1 allerdings immer die Wahrheit sagt, teilt er Ihnen mit, was W2 wahrheitsgemäß antworten würde.

Sehen wir uns die zweite mögliche Variante über die Zuordnung von Himmel und Hölle zu den beiden bewachten Türen an. Hier ist die Situation der Zuordnung gerade umgekehrt, was bedeutet, dass hinter der Tür des W1 die Hölle auf Sie wartet, während Ihnen hinter der Tür von W2 himmlische Zeiten bevorstehen.

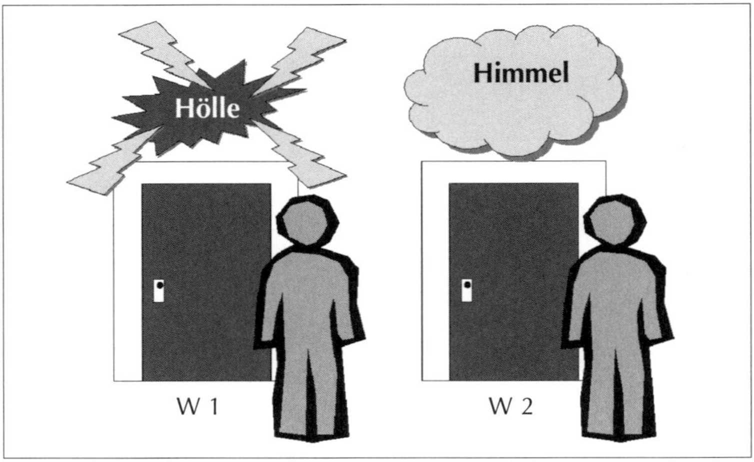

Himmel und Hölle im zweiten Fall

Auch bei dieser Variante ist es sinnvoll, beide Fälle durchzuspielen. Im ersten Fall gehen wir wiederum davon aus, dass W1 der lügende und W2 der ehrliche Wächter ist. Sie erhalten aufgrund der gleichen logischen Überlegungen als Antwort auf Ihre Frage ein »Ja« von W1. Da W2 die Wahrheit sagt und verneint, dass hinter der Tür von W1 der Himmel liegt, dreht der lügende W1 diese Antwort gerade um.

Meint W1 es aber ehrlich mit Ihnen und W2 lügt, erhalten Sie als Antwort von W1 ebenfalls ein »Ja«, weil W2 Ihnen als Lügner mit einem »Ja« auf die Frage antworten würde und W1 seine Einschätzung der Antwort von W2 unverfälscht und wahrheitsgemäß an Sie weitergibt.

Was bedeutet dies nun konkret? Als Entscheidungsunterstützung bei der Frage, durch welche Tür Sie letztlich gehen sollen, kann man einen Entscheidungsbaum zur Darstellung der Alternativen heranziehen.

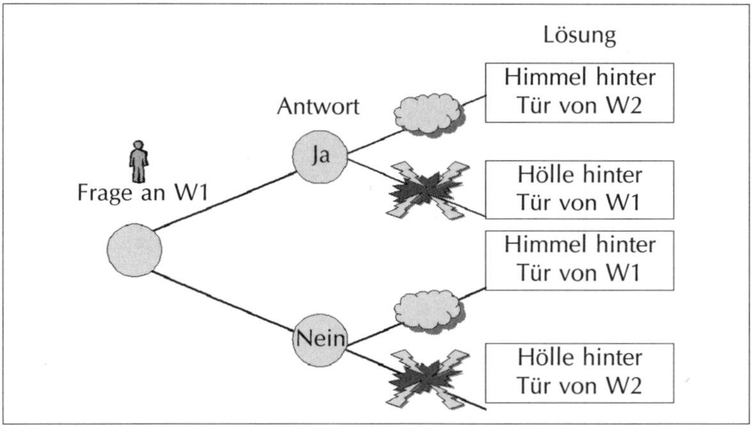

Entscheidungsbaum

In der Kurzform bedeutet dies, dass Sie sich bei der Antwort auf die Frage an W1 bei einem »Nein« für die Tür von W1 entscheiden sollten. Bei der Antwort »Ja« sollten Sie durch die Tür von W2 gehen.

48. Fallstudie: Königstaler

In einem fernen Königreich herrschte vor langer Zeit ein launischer, grausamer und vergnügungssüchtiger König. Er war für seine makabren und schwierigen Spiele und Aufgaben bekannt. Wie es der Zufall nun einmal will, finden Sie sich – zurückversetzt in die Vergangenheit – in jenem beschriebenen Königreich wieder und sind dort ein großer Denker. Da der König heute wieder einmal schlechte Laune hat, lässt er Sie zusammen mit vier weiteren Männern, in einer Reihe vor sich antreten. Der König gibt Ihnen 100 Taler in die Hand und erteilt Ihnen den Auftrag, diese so unter den fünf Mitspielern zu verteilen, dass die Mehrheit der Spieler mit der Aufteilung zufrieden ist.

Stimmt also mindestens die Hälfte der Spieler der von Ihnen favorisierten Aufteilung der Taler zu, gilt die Aufgabe als gelöst, die Spieler erhalten das Geld und der Tag endet für alle glücklich. Wird bei der vorgeschlagenen Aufteilung allerdings keine Einigung erzielt, so wird jeweils der Erste in der Reihe in der Wüste ausgesetzt, seine Familie in die Sklaverei verkauft und sein Name für immer im gesamten Königreich geächtet. In diesem Fall müssen die Übriggebliebenen dieselbe Aufgabe wieder lösen. Dies geht im Extremfall, bis nur noch einer der Männer übrig bleibt.

Wie lösen Sie die Aufgabe, dass die 100 Taler an alle fünf verteilt werden, Sie für diesen Vorschlag eine Mehrheit bekommen und Sie gleichzeitig so viele Taler wie möglich selbst erhalten? Wie sind die Taler in dieser Situation auf die fünf Männer zu verteilen? Bedenken Sie, dass jeder der fünf Kontrahenten versucht, seinen Gewinn ebenfalls zu maximieren.

→ *Der Weg zur Lösung*

Auch bei dieser Aufgabe bietet es sich an, sich dem Problem analytisch von dem Fall zu nähern, dass nur noch eine Person übrig ist. Davon ausgehend überlegen wir uns, wie eine Situation erreicht werden kann, in der mit einer Mehrheitszustimmung zu der Verteilung der 100 Taler auf fünf Personen zu rechnen ist. Die Herleitung des anvisierten Endzustands erfolgt also von der Situation aus, in der nur noch ein Spieler übrig ist, und steigert sich von dort schrittweise bis zur Ausgangslage mit fünf Teilnehmern. In der nachfolgenden Grafik wird ein mögliches Verteilungsschema für die 100 Taler schrittweise dargestellt:

Nummer der Spieler	1	2	3	4	5
Situation 1					
Taler	100				
Situation 2					
Taler	100	0			
Situation 3					
Taler	99	1	0		
Situation 4					
Taler	99	0	1	0	
Situation 5					
Taler	98	1	0	1	0

Auszahlungsschema für die Königstaler

In dieser Grafik sind die Spieler als Männchen dargestellt, von eins bis fünf durchnummeriert. Gehen wir also davon aus, dass Sie der Spieler 1 sind. Unter den Männchen werden die Teilbeträge, die jeder Spielteilnehmer in der jeweiligen Runde erhält, dargestellt. Wenn zuletzt nur noch Sie übrig wären, so würden Sie natürlich die 100 Taler an sich selbst ausschütten und hätten zugleich die Stimmenmehrheit. Sie sollen am Ende also die 100 Taler behalten.

Wenn nur noch zwei Spieler vorhanden sind, genügt es zum Erreichen der einfachen Mehrheit, dass Sie alle Taler bei sich behalten, da Sie selbst bereits 50 Prozent der Stimmen abgeben. Sie als Spieler 1 erhalten also 100 Taler, während der Spieler 2 leer ausgeht.

Werden die Taler auf drei Personen verteilt, so müssen Sie logischerweise etwas Geld an einen der anderen Mitspieler abgeben. Sie »kaufen« die Stimme von Spieler 2, indem Sie ihn durch die Zuwendung von einem Taler besser stellen als zuvor. Sie selbst behalten 99 Taler, während der Spieler 2 einen Taler von Ihnen und der Spieler 3 nichts erhält.

Werden nun die Taler auf vier Spielteilnehmer verteilt, so reicht die Zustimmung von zwei Spielern. Sie erhalten also in diesem Fall eine einfache Mehrheit, indem Sie sich selbst 99 Taler ausschütten und den Spieler 3 durch einen Taler besser stellen als in der Situation mit drei Teilnehmern. Bei dieser Ausgangslage erhalten Sie als Spieler 1 99 Taler, der Spieler 2 keinen Taler, Spieler 3 einen und Spieler 4 keinen Taler.

Am Schluss Ihrer Überlegungen kommen Sie zur Ausgangslage, bei der es um fünf Kontrahenten geht. Um bei fünf Personen eine einfache Mehrheit zu erlangen, müssen insgesamt mindestens drei der Spieler Ihrem Vorschlag zustimmen. Dies erreichen Sie, indem Sie sich 98 Taler selbst zuteilen, Spieler 2 und Spieler 4 jeweils mit einem Taler beteiligen und beide ein wenig besser stellen. In dieser Situation erhalten die Spieler mit der 3 und 5 keine Taler.

Mit dieser Verteilung auf die fünf Spieler haben Sie das Argumentations-Instrumentarium erarbeitet, um die Mehrheit der anderen Spieler zu überzeugen, Ihrer Lösung zuzustimmen. Gleichzeitig erreichen Sie, dass Sie zum Schluss die meisten Taler behalten können.

49. Fallstudie: Rennstreckensäuberung

Sie gehören zum Reinigungsservice auf einer Rennstrecke. Kurz vor einem Autorennen muss eine Grobreinigung des Kurses stattfinden, um die Sicherheit der Fahrer zu garantieren. Aus praktischen Gründen wird diese Reinigung von Kehrmaschinen vorgenommen, die an einem Fahrzeug befestigt sind. Stellen Sie sich vor, Sie sitzen in solch einem Kehrfahrzeug und wissen, dass Sie zwei Runden auf der Rennstrecke fahren müssen. Wenn Sie sofort mit genau 60 Kilometern pro Stunde losfahren, werden Sie gerade rechtzeitig vor Beginn des Rennens fertig. Da Sie wegen der erheblichen Verschmutzungen während der ersten Runde im Durchschnitt nur mit 30 Kilometern pro Stunde fahren konnten, stellt sich nun die Frage, wie schnell Sie in Runde zwei fahren müssen, um noch rechtzeitig vor dem Beginn des Rennens fertig zu sein? Begründen Sie Ihre Antwort.

→ *Der Weg zur Lösung*

Im ersten Moment könnte die fehlende Zeitspanne bis zum Beginn des Rennens den Interviewten irritieren. Anhand der folgenden Beispiele soll allerdings in aller Kürze plastisch das generelle Lösungsschema der Aufgabe dargestellt werden. Es zeigt sich, dass die Zeitangabe bis zum Beginn des Rennens, und damit die Zeitdauer, bis sich der Kehrwagen spätestens wieder in der Boxengasse befinden muss, für die Lösung des Problems nicht relevant ist.

In einer ersten Fallbetrachtung gehen wir davon aus, dass die Zeit bis zum Rennbeginn noch genau eine halbe Stunde beträgt. Durch die Verwendung der Angabe, dass bei einer Durchschnittsgeschwindigkeit von 60 Stundenkilometern die Rennstrecke zweimal umrundet wird, lässt sich die

Länge einer Runde berechnen: Eine Runde ist 15 Kilometer lang. Diese Angabe erhält man, wenn man 60 Stundenkilometer mit der benötigten Zeit multipliziert.

	Hinreichende Durchschnittsgeschwindigkeit (km/h)	60
x	Zeit bis zum Rennen (h)	0,5
=	**Länge der Gesamtstrecke (km)**	**30**
÷	Anzahl der Runden	2
=	**Rundenlänge (km)**	**15**

Berücksichtigen wir jetzt die Information, dass das Kehrfahrzeug in der ersten Runde nur mit durchschnittlich 30 Stundenkilometer fahren konnte, so erhält man für die Zeit, die das Fahrzeug benötigt hat, folgendes Ergebnis:

	Rundenlänge (km)	15
÷	Erreichte Durchschnittsgeschwindigkeit (km/h)	30
=	**Benötigte Zeit (h)**	**0,5**

Man erkennt sofort, dass die für eine Runde benötigte Zeit der Gesamtzeit bis zum Rennbeginn entspricht. In diesem Fall ist es also nicht möglich, die zweite Runde zu vollenden.

Prüfen wir dieses Ergebnis durch einen zweiten konkreten Fall. Dieses Mal gehen wir von zwei Stunden bis zum Beginn des Rennens aus. Wenn die beiden Runden in dieser Zeitspanne gefahren werden können, so errechnet sich eine Rundenlänge von 60 Kilometern.

	Hinreichende Durchschnittsgeschwindigkeit (km/h)	60
x	Zeit bis zum Rennen (h)	2,0
=	**Länge der Gesamtstrecke (km)**	**120**
÷	Anzahl der Runden	2
=	**Rundenlänge (km)**	**60**

Wir ermitteln zudem die für eine Runde benötigte Zeit nach analogem Rechenschema:

	Rundenlänge (km)	60
÷	Erreichte Durchschnittsgeschwindigkeit (km/h)	30
=	**Benötigte Zeit (h)**	**2,0**

Auch in diesem Fall kommen wir zu dem Ergebnis, dass die Zeit bis zum Rennen bereits nach einer Umrundung mit 30 Stundenkilometern verstrichen ist. Die zweite Umrundung ist also auch rein rechnerisch, unabhängig von der (theoretischen) Geschwindigkeit, nicht mehr möglich.

Generell kann man beim Lösen dieser Aufgabe mit der einfachen Formel aus dem Physikunterricht arbeiten, die die Durchschnittsgeschwindigkeit, die Zeit und die zurückgelegte Strecke in Beziehung setzt. Die Formel besagt, dass Geschwindigkeit gleich der zurückgelegten Zeit geteilt durch die benötigte Strecke ist. Formt man diese Gleichung um, so kommt man zu der für eine Runde benötigten Zeit: Man dividiert die zurückgelegte Strecke durch die durchschnittlich erreichte Geschwindigkeit.

Die soeben anhand konkreter Annahmen durchgeführten Überlegungen behalten für jeden theoretisch denkbaren Fall ihre Gültigkeit. Dies liegt an den festen Geschwindigkeitsvorgaben aus der Aufgabenstellung: Einerseits die gerade für zwei Runden ausreichenden 60 Stundenkilometer und andererseits die halbierte Geschwindigkeit für die erste zurückgelegte Runde. Es ergibt sich also in jedem Fall, dass bei der Fahrt der Kehrmaschine mit halber Geschwindigkeit die insgesamt zur Verfügung stehende Zeit bereits verbraucht wurde. Die Aufgabe, die zweite Runde zu vollenden, ist also nicht lösbar.

50. Fallstudie: Die 100-Millionen-Mark-Show

Fünf Ihrer Freunde nehmen an einem Fernsehabenteuerspiel mit dem Namen »100-Millionen-Mark-Show« teil. Der Reiz dieser Sendung liegt darin, dass sie sowohl körperlichen Einsatz, Geschick, analytisches Denken als auch Teamwork von den Kandidaten fordert. Ihre Freunde haben die ersten Rätsel und sportlichen Aufgaben bereits gelöst und wurden mit einem Helikopter auf einer Insel abgesetzt. Sie müssen alle in insgesamt weniger als 45 Minuten zur Nachbarinsel schwimmen. Da es eine Reihe von Restriktionen gibt, setzen Ihre Freunde einen »Joker«, um Sie anrufen zu dürfen und sich beraten zu lassen.

Um mehr Dramatik für die Zuschauer vor den Bildschirmen zu erzeugen, findet dieses Spiel bei Nacht statt. Es dürfen nur zwei Spieler gleichzeitig im Wasser sein und sie müssen aus Sicherheitsgründen stets eine Ortungsboje mit sich führen. Da es nur eine Boje gibt, muss ein Spieler die Boje zur Ausgangsinsel zurückbringen. Aufgrund eines Fitnesstests wissen Sie, dass Ihr Freund A die Strecke zwischen den Inseln in zwei Minuten schwimmt. Ihr Freund B ist weniger fit und braucht doppelt so lang, Freund C acht Minuten und D, der noch schlechter trainiert ist, 16 Minuten. Ihr Freund E ist normalerweise genauso fit wie D, hat sich allerdings beim letzten Spiel der Show verletzt und schwimmt deshalb 20 Minuten von einem zum anderen Ufer. Die Zeit, die für eine Strecke festgehalten wird, richtet sich immer nach dem langsameren Schwimmer, da sie wegen der Boje als Team agieren müssen.

Helfen Sie Ihren Freunden bei der Lösung dieses »Logistikproblems«.

→ *Der Weg zur Lösung*

Zur besseren Übersicht sind in der folgenden Tabelle die Zeiten, die Ihre Freunde jeweils benötigen, um eine Strecke zurückzulegen, aufgeführt:

Freund	A	B	C	D	E
Zeit (Min.)	2	4	8	16	20

Vereinfachend wird davon ausgegangen, dass die Schwimmer bei mehrmaligem Schwimmen der Strecke keine Ermüdungserscheinungen aufweisen und jedes Mal die gleiche Zeit brauchen.

Zunächst schwimmen A und B gemeinsam mit der Ortungsboje zur Nachbarinsel. Das schaffen sie in vier Minuten. A kehrt mit der Boje zur Ausgangsinsel zurück. Insgesamt sind jetzt sechs Minuten vergangen. Nun schwimmen D und E gemeinsam mit der Ortungsboje zur Nachbarinsel. Sie brauchen dafür 20 Minuten. Seit Beginn des Spiels sind jetzt bereits 26 Minuten verstrichen. B kehrt mit der Ortungsboje zurück. Es sind genau 30 Minuten vergangen. Als nächstes Paar machen sich die Schwimmer A und C auf den Weg. Sie schwimmen acht Minuten zur Insel, sodass die Uhr jetzt 38 Minuten anzeigt. A macht sich ein letztes Mal auf den Weg zur Ausgangsinsel, um B abzuholen und mit ihm gemeinsam zur Zielinsel zu schwimmen. Für beide Strecken brauchen sie zusammen sechs Minuten. Nun sind alle Ihre Freunde am Ziel angekommen und haben dafür insgesamt 44 Minuten gebraucht. Die Aufgabe ist im geforderten Zeitrahmen gemeistert worden.